GEOLOCALIZAÇÃO:

UM NOVO HORIZONTE NAS PROVAS JUDICIAIS

Ana Paula Silva Campos Miskulin

GEOLOCALIZAÇÃO:

UM NOVO HORIZONTE NAS PROVAS JUDICIAIS

LACIER

LACIER

Lacier Livraria e Editora
www.livrarialacier.com.br

Rua Doutor Quirino, 808 — Centro
CEP 13015-081 — Campinas, SP — Brasil

Janeiro, 2025
Fechamento: 14-11-2024

Diretor: *Lacier José de Rezende*
Editoração Eletrônica/Capa: *Graphien Diagramação e Arte*
Designer de Capa: *Pedro Miskulin* e *Lucas Miskulin*
OpenAI ChatGPT_DALL·E 2024-11-05 22.28.57

Ficha Catalográfica

Dados Internacionais de Catalogação na Publicação (CIP)
(Câmara Brasileira do Livro, SP, Brasil)

Miskulin, Ana Paula Silva Campos

Geolocalização : um novo horizonte nas provas judiciais / Ana Paula Silva Campos Miskulin. — 1. ed. — Campinas, SP : Lacier Editora, 2025.

Bibliografia.
ISBN 978-85-64412-57-6

1. Direito — Brasil — Miscelânea 2. Geotecnologia 3. GPS (Sistema de navegação) 4. Sistemas de Informação Geográfica (SIG) I. Título.

24-236889 CDU-34 (81)

Índices para catálogo sistemático:

1. Brasil : Direito 34 (81)

Aline Graziele Benitez — Bibliotecária — CRB-1/3129

Eu dedico esse livro aos três amores da minha vida: Pedro, Lucas e Maria.
Para que nunca se esqueçam que todo sonho começa com o primeiro passo.

Agradecimentos

Eu agradeço a Deus por tudo, especialmente pelo entusiasmo que tenho pela vida.

Agradeço à minha família, ao meu marido Fábio e aos meus três filhos amados, Pedro, Lucas e Maria e, especialmente à minha querida mãe, Maria Rita, fonte inesgotável de inspiração.

Agradeço à minha estimada amiga Dani Bertachini por dividir comigo seus ensinamentos, seu material e, acima de tudo, nossos desafios e alegrias.

Agradeço aos meus queridos colegas de trabalho da Divex, Bete, Maria Júlia, Leila e Wagner e aos de José Bonifácio, cujo apoio torna viável a realização de tantos projetos.

Agradeço especialmente à Fabíola, Andrea, Sílvia, Bete e à colega Karine pela leitura de trechos desse trabalho.

Agradeço aos amigos que me ajudaram compartilhando materiais e fazendo comentários e sugestões: os colegas do grupo de Juízes de S. J. Rio Preto, o servidor Gustavo, do TRT 12, os colegas Yamada e Platon, Cintia, do MP/SP, Otávio, do MP/PB e aos servidores da biblioteca do TRT 15.

Agradeço, também, ao Ministro Douglas Alencar Rodrigues que, gentilmente, prefaciou a obra.

É muito bom ter pessoas boas com quem caminhar.

Sumário

Apresentação

Caros leitores,

É uma grande satisfação apresentar o livro "Geolocalização: um novo horizonte nas provas judiciais". Este tema, fascinante e de crescente importância na sociedade, tornou-se uma presença constante nos processos judiciais em meio à hiperconectividade que vivemos.

Ao longo de mais de duas décadas na magistratura, pude observar uma transformação profunda na administração da justiça, impulsionada por novas ferramentas tecnológicas que visam ao aprimoramento da prestação jurisdicional. Esta obra nasce com o propósito de lançar luz sobre aspectos práticos que serão valiosos para todos os operadores do direito, sem a pretensão de esgotar um campo tão vasto e em constante evolução.

Embora seu ponto de partida esteja nas esferas penais, a análise aqui apresentada revela-se ainda mais promissora nos âmbitos cível e trabalhista. O livro examina inúmeras situações em que dados de geolocalização são coletados — muitas vezes sem que se perceba — e que possuem um enorme potencial de se tornarem provas determinantes nos processos judiciais.

Além de apresentar as principais técnicas para captação desses dados, a obra oferece ao leitor ferramentas essenciais para a leitura e interpretação, aplicáveis a diferentes áreas do Direito. Em seguida, discute as metodologias para incorporar essas provas ao processo de forma válida e os cuidados indispensáveis para que o uso desses dados preserve os Direitos Humanos, especialmente em casos que exigem uma análise cuidadosa.

Para finalizar, é oferecido um panorama sobre as decisões mais impactantes nas áreas criminal, cível e trabalhista, bem como um olhar sobre as práticas internacionais mais relevantes. É fato que muito ainda precisa ser explorado no campo das provas digitais, e há um longo caminho a ser percorrido, mas é alentador saber que a tecnologia já oferece suporte concreto a todos os profissionais que atuam direta ou indiretamente com processos judiciais e que, como eu, acreditam no poder transformador do Judiciário.

Boa leitura!

Prefácio

GEOLOCALIZAÇÃO: UM NOVO HORIZONTE NAS PROVAS JUDICIAIS

Tão logo recebi o honroso convite para prefaciar esta importante obra jurídica, subscrita pela competente magistrada e destacada professora Ana Paula Miskulin, logo afloraram memórias do tempo em que atuei no primeiro grau de jurisdição, a "grande trincheira" do Poder Judiciário. Dos vários anos de exercício jurisdicional devotados à primeira instância, seguramente o período mais estimulante, rico e desafiador da carreira que até aqui tive o privilégio de trilhar, sobressai a recordação da grande dificuldade enfrentada para a coleta de elementos de convicção seguros e convincentes, em torno dos fatos polemizados pelos litigantes.

Houve dias em que os caminhos para a sede das Juntas de Conciliação e Julgamento e, posteriormente, das Varas do Trabalho eram preenchidos com orações e pedidos para que as mentiras fossem extirpadas das audiências de instrução. A despeito da crença e do fervor das orações, os reclamos dirigidos aos céus raramente eram atendidos, seguramente por falta de merecimento do jovem cristão. Seguiam-se, então, com frequência, momentos de tensão, envolvendo acareações, debates com advogados, prisões ou encaminhamento de testemunhas para a autoridade policial. Ainda que não existisse impedimento para a prolação da sentença em casos de antagonismo absoluto entre declarações testemunhais, deixar ao magistrado a responsabilidade por desvendar onde estaria a "verdade dos fatos da causa", com todas as suas limitações e contingências pessoais, em quadro de claro cometimento de crime contra a administração da Justiça, não parecia representar o melhor caminho para o exercício da jurisdição.

Mas é preciso realçar que a dignidade da função judicial, enquanto expressão da soberania do Estado e medida de avanço civilizatório, não se coaduna com a utilização do Poder Judiciário para a obtenção de ganhos e vantagens claramente indevidos. O combate às demandas e resistências frívolas e temerárias nas ações judiciais e a repressão aos delitos que se produzem no campo das provas judiciais devem ser compromissos irrenunciáveis de todos que estão comprometidos com a melhor administração da Justiça.

Na prática processual trabalhista, por razões de diferentes origens, a prova documental assume valor relativo, sendo frequentes os questionamentos em torno da validade de recibos de pagamento e de controles de jornada, consideradas as alegações de pagamentos não contabilizados e de prestação de trabalho suplementar. Em tais casos, buscando corroborar suas alegações, apresentam as partes testemunhas que, não raras vezes, prestam declarações frontalmente contraditórias, impondo ao magistrado diligente a realização de acareação e/ou a determinação de diligências complementares, na busca da justa e adequada composição do conflito e na defesa da própria respeitabilidade do Poder Judiciário. São milhares de audiências destinadas à coleta de testemunhos que consomem tempo valioso de magistrados e servidores, tempo que poderia (e deveria!) ser dedicado ao exercício de outras atividades, realmente necessárias para a entrega efetiva da tutela judicial.

Por óbvio, haverá casos em que as audiências para a coleta de provas orais se farão necessárias, tendo em conta as singularidades e complexidades das questões em disputa, mas o que se nota em boa parte dos casos, a partir da banalização do acesso absolutamente gratuito à justiça, é um verdadeiro abuso do direito de litigar, com a tentativa de utilização do Poder Judiciário para a obtenção de vantagens imerecidas, no contexto de relações de emprego já superadas. Há também, é preciso reconhecer, empresas que sonegam direitos trabalhistas e que se utilizam do Poder Judiciário para retardar o cumprimento de suas obrigações, contribuindo para a morosidade judicial.

Nesse complexo ambiente, a experiência tem revelado que a prova testemunhal, mesmo que relevante para auxiliar na reconstrução e compreensão de fatos relevantes, tem se mostrado permeável a toda sorte de desvios. A garantia de acesso à Justiça, com seus múltiplos significados e dimensões, não se compadece com esse quadro algo lúdico ou lotérico, equiparável a um "jogo de mentiras", em que será sagrado vencedor aquele que oferecer testemunhas com melhor performance, pouco importando os eventos vividos efetivamente pelos litigantes.

A presente publicação, por todas essas razões, vem a lume em momento absolutamente oportuno, em que o uso da tecnologia se faz cada vez mais presente em todos os campos da sociabilidade humana.

Entre tantos mitos e narrativas, discute-se em ações judiciais a possibilidade de utilização de dados da geolocalização, obtida a partir de aparelhos de telefone celular mantidos por trabalhadores, tudo com o objetivo de confirmar fatos ligados aos mais diferentes aspectos da relação capital e trabalho.

No Tribunal Superior do Trabalho (TST), precisamente perante a Subseção II Especializada em Dissídios Individuais, alguns recursos ordinários interpostos contra acórdãos em mandados de segurança foram examinados. Por maioria de votos, tem sido afirmada a plena e absoluta licitude do uso do referido meio de prova, por sua precisão e objetividade, propiciando inquestionável economia de tempo e recursos das partes e do próprio Estado. Argumentos centrados na defesa da privacidade do trabalhador e da sensibilidade dos dados pessoais foram superados nesses julgamentos, com não menos sólidos argumentos, tudo muito bem exposto e explorado nesta presente publicação.

No contexto contemporâneo, onde a intersecção entre tecnologia e direito se torna cada vez mais evidente, a presente publicação, muito além de um excelente compêndio técnico, oferece um importante guia para compreender a geolocalização como um instrumento de transformação das práticas jurídicas nas mais diversas esferas do direito.

A primeira parte da obra aborda conceitos e técnicas fundamentais da geolocalização, desvendando os variados sistemas e tecnologias que permitem a localização de indivíduos e objetos. Desde sinais de satélites até redes Wi-Fi, cada método é examinado de maneira acessível, proporcionando ao leitor uma base sólida para a compreensão dos dados gerados por essas tecnologias.

Nas seções seguintes, a obra aprofunda-se na obtenção e leitura dos dados de geolocalização, discutindo não apenas os dados que podem ser coletados diretamente, mas também aqueles obtidos por meio de terceiros, evidenciando a complexidade e a delicadeza deste processo no que tange a questões de privacidade e direitos fundamentais.

Um dos pontos altos deste trabalho é a análise da licitude das provas obtidas por meio da geolocalização, que se torna cada vez mais relevante em um cenário onde ações judiciais utilizam cada vez mais essas informações. Este exame crítico dos requisitos de validade das provas de geolocalização oferece ao leitor uma compreensão abrangente das implicações legais e éticas que acompanham o uso dessas tecnologias.

Finalmente, a aplicação prática da geolocalização nos tribunais, abordando suas implicações em diferentes tipos de processos, traz à tona não apenas a versatilidade dessa ferramenta no âmbito jurídico, mas também a necessidade de um diálogo contínuo entre juristas e especialistas em tecnologia, para que se possam estabelecer marcos regulatórios que respeitem os direitos dos indivíduos.

Como antes afirmado, há muitos mitos e narrativas em torno do uso da geolocalização como meio de prova, mas não se pode negar que a sua contribuição decisiva para a aceleração do curso processual e a elevação da qualidade e da justiça dos julgamentos, também reduzindo a litigância temerária e os delitos de perjúrio, tudo em nome da alta dignidade da função judicial.

A presente obra, portanto, é essencial para magistrados, professores, advogados, estudantes de direito, tecnólogos e todos aqueles que se interessam pelo complexo tema do acesso à Justiça, no quadro atual de tecnologia exponenciada em que estamos inseridos.

A todos, desejo uma boa leitura!

Brasília, Primavera de 2024.

Douglas Alencar Rodrigues
Ministro do TST

Introdução

A exponencial evolução da Tecnologia da Informação e Comunicação impactou diretamente a comunicação entre as pessoas e as organizações, tanto na relação pessoa-pessoa, quanto pessoa-organização e organização-organização. Nesse contexto evolutivo, nos anos 1990, surge a internet, que, por meio da rede mundial de computadores, possibilitou que essa comunicação passasse a ocorrer em tempo real, seja qual for a localização dos interlocutores.

Nos anos 2000, com a popularização do acesso à internet, ela, que era usada apenas para consultas a sítios eletrônicos, envio de mensagens e algumas finalidades específicas, passou a ter as redes sociais. Assim, passou a permitir uma maior interação entre seus usuários, estando entre eles, consumidores, empreendedores, produtores de conteúdo, *influencers*, entre outros. Com o passar do tempo, as funcionalidades da internet se ampliaram, surgindo a "Web 2.0" (Capanema, 2024), marcada por esse processo bilateral de comunicação.

Em seguida, foram criados novos recursos de interação e ferramentas como computação em nuvem e inteligência artificial, as quais intensificaram o *marketing* digital voltado ao consumo. Esse momento histórico tem sido designado alguns como "a era do capitalismo de vigilância" (Zuboff, 2020), porque os algoritmos analisam o comportamento dos usuários e suas características psicológicas, surgindo o que se denomina de *profiling*.

Atualmente, os dados das pessoas são concentrados e centralizados nas mãos de um número muito pequeno de empresas. A *Amazon* lidera o mercado de armazenamento de dados em nuvem, com 41,5% do total, seguida da *Microsoft*, com 29,4% e da *Google Cloude*, com 3%. As três são donas da metade dos grandes centros de dados em nível global (Blasco, 2022).

Nesse cenário, Gavin Wood, ao conceber a ideia da "Web 3.0", em 2014, idealizou uma versão aberta e descentralizada da internet, livre da dominação das grandes empresas, mediante utilização de tecnologia *blockchain* e novas ferramentas que permitam que os usuários possuam e controlem seus dados (Araya, 2022).

A partir da identificação dos hábitos do usuário da internet, as empresas são capazes de direcionar anúncios dos seus produtos para o público de determinada região, a partir de técnicas que identificam a localização do cliente. Exemplo disso é a opção dada pela *Google* para segmentar anúncios por localizações geográficas. É por isso que se a pessoa frequenta constantemente um determinado estabelecimento, receberá cada vez mais anúncios relacionados ao mesmo.

A capacidade de monitoramento das pessoas em redes sociais é tão alta que uma pesquisa realizada por cientistas da computação da Espanha e da Áustria demonstrou que anúncios do *Facebook*, por exemplo, podem ser direcionados exclusivamente para uma única pessoa (Soares, 2021).

E como, atualmente, as estatísticas revelam que a maioria das pessoas possuem um aparelho celular e acessam a internet(1), o rastreamento dos dispositivos móveis por meio de técnicas que o localizam tornou-se um recurso valioso para as empresas em diversos segmentos como marketing, recursos humanos, logística, jogos, entre outros.

Quando a internet se popularizou nos anos 90, possuir um computador em casa era sinal de ostentação. Pouco tempo depois, surgiu o Nokia 9000 Communicator, apresentado, em 1996, que foi o primeiro aparelho celular com acesso comercial à internet via GSM (Kleina, 2015). Ele é considerado o primeiro *smartphone* do mundo.

A televisão, o rádio e o telefone, que tinham finalidades específicas, tiveram suas funcionalidades concentradas num único aparelho portátil, que é o telefone inteligente (conhecido como *smartphone*). Ele se assemelha a um pequeno computador onipresente na vida das pessoas.

O *smartphone* reuniu num só aparelho funções que antes demandavam vários equipamentos distintos, como telefone, câmera, relógio, tocador de músicas e é considerado um computador de bolso, com sistema operacional e aplicativos. E a cada dia esse equipamento ganha novas funcionalidades, inclusive, com a possibilidade de contar mais de uma linha telefônica e utilizar *chip* físico (SIM) ou virtual (e-SIM) (Rodrigues, 2023).

Mas enquanto as ciências de dados e suas tecnologias se desenvolvem, os conflitos de interesses não param de surgir, antecedendo a legislação. Com isso, os magistrados e demais operadores do direito são chamados a atuar em terrenos

---

(1) Segundo o IBGE, no ano de 2023, 163,8 milhões de pessoas com dez anos ou mais tinham telefone celular para uso pessoal, o que corresponde a 87,6% da população dessa faixa etária. E havia 72,5 milhões de domicílios com internet (92,5%).

incertos, onde o Direito ainda não traçou contornos bem definidos, fazendo surgir questões jurídicas complexas.

Fato é que, a cada dia, surgem novas tecnologias que desafiam os aspectos regulatórios e balançam as estruturas de conceitos tradicionais, como ocorreu com as telecomunicações e até mesmo com a privacidade. Segundo Doneda (2021), esta foi se metamorfoseando até chegar na proteção de dados.

Nesse cenário, de constante evolução, os conceitos jurídicos vão ficando ultrapassados e não conseguem acompanhar no mesmo ritmo as mudanças das tecnologias de comunicação e informação. Basta pensar que apesar de ser um meio de comunicação, a internet não é considerada como serviço de telecomunicações, mas sim como serviço de valor de serviço adicionado, nos termos do artigo 61, da Lei n. 9.472/97[2]. E como tal, ela não requer autorização, permissão ou concessão da União, nos moldes do artigo 21, XI, da Constituição Federal, e, até certa época, não dependia de outorga estatal e da observância das regras desse regime, desafiando as questões regulatórias.

Apesar disso, em 2001, foi criado o serviço de comunicação multimídia (SCM), regulamentado pela Resolução 614/2013, da Anatel, para serviços consistentes na transmissão de dados, voz e imagem e acesso à internet. Ele não se confunde com os serviços de valor adicionado (SVA), que incluem plataformas de cursos, proteção contra vírus, armazenamento em nuvem, livros, jornais e revistas e serviços de streaming, por exemplo, ambos sujeitos a regulações distintas[3].

Consequentemente, para solucionar os problemas jurídicos dessa era digital é necessário adaptar os conceitos tradicionais do direito aos novos fenômenos da atualidade, o que exige familiaridade com as práticas de processamento e gestão de dados, que são base da economia informacional.

Atualmente, as estatísticas revelam que a maioria das pessoas possuem um aparelho celular e acessam a internet[4]. Logo, o rastreamento dos dispositivos

(2) Art. 61. Serviço de valor adicionado é a atividade que acrescenta, a um serviço de telecomunicações que lhe dá suporte e com o qual não se confunde, novas utilidades relacionadas ao acesso, armazenamento, apresentação, movimentação ou recuperação de informações.

§ 1º Serviço de valor adicionado não constitui serviço de telecomunicações, classificando-se seu provedor como usuário do serviço de telecomunicações que lhe dá suporte, com os direitos e deveres inerentes a essa condição.

§ 2º É assegurado aos interessados o uso das redes de serviços de telecomunicações para prestação de serviços de valor adicionado, cabendo à Agência, para assegurar esse direito, regular os condicionamentos, assim como o relacionamento entre aqueles e as prestadoras de serviço de telecomunicações.

(3) Conforme informações disponíveis em: https://sva.qualifica.com.br/blog/sva-e-scm/. Acesso em 23 out. 2024.

(4) Segundo o IBGE, no ano de 2023, 163,8 milhões de pessoas com dez anos ou mais tinham telefone celular para uso pessoal, o que corresponde a 87,6% da população dessa faixa etária. E havia 72,5 milhões de domicílios com internet (92,5%).

móveis, por meio de técnicas que o localizam, tornou-se um recurso valioso para as empresas em diversos segmentos como marketing, recursos humanos, logística, jogos, entre outros.

Segundo Rodrigues (2023), os recursos disponíveis no *smartphone* são ainda mais amplos e abrangem as seguintes funções:

- Ligações;
- Envio e recebimento de mensagens e e-mails;
- Interação por meio de redes sociais com amigos, familiares, contatos profissionais e marcas;
- Monitoramento do tempo, cronômetro, registro de alertas pontuais e alarmes;
- Registro de datas importantes, eventos e viagens em fotos e vídeos;
- Calculadora;
- GPS;
- Jogos;
- Consumo, criação e publicação de conteúdo — texto, imagens estáticas, áudios e vídeos;
- Rastreamento, tagueamento e monitoramento de bens e pessoas;
- Monitoramento e avaliação de saúde e bem-estar — sono, medidas corporais e sinais vitais;
- Contratação de serviços de comida, transporte, entre outros;
- Pareamento para uso em conjunto com *gadgets* como fones de ouvido, smartwatches, tags e *wearables* em geral;
- Pagamentos em geral e uso de benefícios como transporte e alimentação.

Essa lista não para de crescer e hoje já seria possível incluir mais funcionalidades como acessar o ambiente de trabalho para laborar, realizar reuniões ao vivo, participar de aulas síncronas, registrar horário em cartão de ponto, ligar e desligar alarmes, acionar e desacionar dispositivos com internet das coisas, fazer *check-in* em aeroportos e gerar textos, imagens ou vídeos por meio de inteligência artificial.

Nesse contexto, não é exagero dizer que o aparelho celular virou uma extensão do corpo humano e, com certeza, "verdadeira extensão dos direitos de personalidade dos sujeitos", pois tem tantas funcionalidades que se tornou "uma extensão informacional da própria pessoa" (Gloeckner e Eilberg, 2019).

Atualmente, as tecnologias de geolocalização podem ser utilizadas como medidas de segurança para monitorar crianças, acionar o serviço de emergência em caso de acidentes(5) ou mesmo para evitar fraudes nos casos de contratos eletrônicos ou transações financeiras. Por meio de técnicas de geolocalização, também é possível implementar ações de políticas públicas(6) e monitorar o foco de doenças infecciosas como malária, tuberculose e Covid19(7), os incêndios florestais(8) e o desmatamento na Amazônia(9).

Nos Estados Unidos, foi adotado um programa de monitoramento de autores de violência doméstica por meio de GPS, de modo que se um agressor entrar numa determinada área, soa um alarme e tanto a vítima quanto o serviço de supervisão têm acesso ao GPS. Esse recurso ocasionou a redução de reincidência em 95% dos casos. E para preservar a privacidade do alvo, existem tecnologias de rastreamento reverso e filtros que são empregados para que limitar as restrições de locomoção do agressor apenas às áreas restritas determinadas na ordem judicial (Melo, 2021).

Além disso, diversos aplicativos instalados no telefone celular dependem da geolocalização para funcionar, a exemplo dos de entidades bancárias, de entrega de comida, de transporte, de mapas e os de mensageria, como o *WhatsApp* que compartilham a localização do usuário em tempo real. E caso o usuário opte por não consentir com essa prática, dificilmente conseguirá obter o serviço desejado.

Nesse contexto, o acesso à internet também propiciou a utilização do ciberespaço para a prática de atos ilegais como crimes como estelionato, venda de

---

(5) Em 2021 uma médica estava a caminho do trabalho quando se acidentou e os socorristas partiram do último local que o celular emitiu sinais para fazerem as buscas (Fernandes e Lippel, 2021).

(6) Durante a pandemia a geolocalização foi utilizada como ferramenta para monitorar aglomerações pelo governo do Rio Grande do Sul. Disponível em: https://www.estado.rs.gov.br/geolocalizacao-e-ferramenta-eficaz-para-monitorar-aglomeracoes-durante-pandemia. Acesso em 13 out. 2024.

(7) O biólogo Helder Nakaya desenvolveu juntamente com seu grupo de pesquisas um aplicativo batizado de SiPoS (Sickness Positioning System) ou sistema de localização de doenças para rastrear contatos de casos de tuberculose ativa multirresistente a drogas e identificar os sintomas iniciais da chikungunya (Jones, 2021).

(8) O blog da empresa KPN Safety apresenta quatro aplicativos para monitoramento de indêndios florestais, a saber: Mapa Wildfire, Firemap, *Google Maps* e Inim Fire.

(9) Segundo o Instituto de Pesquisa Ambiental da Amazônia (IPAM), desde 2004 o sistema de detecção do desmatamento em tempo real (DETER) possibilita a pesquisa dos alertas de desmatamento por municípios, utilizando imagens do sensor MODIS do satélite Terra.

drogas, apostas ilegais ou apenas como meio de comunicação com cúmplices ou para encontrar vítimas (Garcés, 2020).

E, por isso, a geolocalização passou a ser utilizada também como um recurso para identificar criminosos seja no ciberespaço, seja no mundo físico, despertando o interesse da comunidade jurídica sobre como tal tecnologia pode ser útil também nos demais processos judiciais e administrativos.

1 Conceito e técnicas de geolocalização

A palavra geolocalização é formada a partir da junção do prefixo grego "geo", que significa terra, com a palavra "localização". Ela significa o "processo através do qual algo ou alguém pode ser localizado com base em coordenadas geográficas, especialmente a latitude e a longitude, do lugar onde esse objeto ou pessoa em questão estão" (dicionário online de português).

As coordenadas geográficas são linhas imaginárias traçadas sobre o globo terrestre para identificar a posição de um ponto na superfície da Terra. Essas linhas são dispostas na horizontal, formando círculos paralelos, cuja medida é chamada de latitude, enquanto as linhas verticais são conhecidas como meridianos, cuja medida recebe o nome de longitude. As coordenadas geográficas são definidas pela inserção de um paralelo e um meridiano, e são constituídas por letras e números que indicam os graus, minutos e segundos.

Para localizar um endereço, primeiramente, escrevem-se os caracteres da latitude e, depois, os da longitude. A obtenção das coordenadas geográficas de determinado local pode ser feita por meio de cálculos manuais com base no mapa, mas, também, de forma automática por GPS ou outros aplicativos de localização como o *Google Maps*.

Para o propósito desta obra, o que importa são os dados das coordenadas geográficas gerados automaticamente quando um usuário acessa alguma aplicação na internet. E, consequentemente, surgem dúvidas sobre quem é que possui acesso a esses dados, como eles podem ser obtidos e qual é o procedimento a ser adotado para inseri-los nos processos judiciais para que tenham valor probatório.

Segundo Stacey (2020), os dados de geolocalização são armazenados por empresas operadoras de telefonia móvel e sistemas operacionais, proprietárias de aplicativos móveis voltados ao consumidor ou que fazem rastreamento de dispositivos conectados à internet (internet das coisas). Ela explica que as operadoras têm acesso à localização dos celulares porque direcionam as chamadas por meio das torres (conhecidas como estação rádio base). Já os provedores de sistemas operacionais podem ter acesso à localização como resultado da busca pela melhoria dos serviços ou pela ativação de recursos opcionais do usuário, sendo que vários deles optam pelo uso das torres ou *wi-fi* para melhorar os serviços.

Os aplicativos muitas vezes possuem recurso de localização, com alertas de meteorologia, de entregas de compras ou compartilhamento de viagens, e são partilhados com parceiros comerciais dessas empresas. E, finalmente, no caso dos dispositivos de internet das coisas, como rastreadores *fitness*, brinquedos inteligentes ou veículos, eles emitem informações que permitem a seus provedores de serviço rastreá-los, mesmo quando não estão conectados a uma rede, quando o *bluetooth* ou o *wi-fi* estão ativados Stacey (2020).

Portanto, nota-se que, além do sistema de posicionamento global conhecido como GPS, existem outras formas de obtenção de dados de geolocalização. Assim, ainda que o GPS do aparelho celular esteja desligado, há outras formas de rastrear o dispositivo, como por exemplo, por meio dos sinais de rádio transmitidos pelas torres de telefonia, redes de *wi-fi* públicas, *bluetooth*, aparelhos interceptores conhecidos como *stingrays* ou mesmo aplicativos espiões chamados *spywares* (Bernardes, 2023).

Sobre a maneira ou as técnicas por meio das quais os dados de localização podem ser coletados, Stacey (2020) destaca que, embora a maioria das pessoas pense apenas no GPS, esse é apenas um dos meios de se obter a geolocalização, mais utilizado com alguma combinação com dados de operadoras de telefonia, sistemas operacionais, aplicativos e outros métodos. Segundo ela, os métodos mais utilizados incluem o GPS, as torres das operadoras de telefonia, as redes *wi-fi* e os *beacons*, cada um com diferentes propósitos e níveis de precisão.

A seguir, vejamos cada um deles.

1.1 GEOLOCALIZAÇÃO POR MEIO DE SINAIS DE SATÉLITE (GPS, GLONASS E GALILEO)

A forma mais tradicional para aferir a localização de um dispositivo é por meio da emissão de sinais que os satélites emitem para o receptor, que é um *chip* instalado no aparelho celular ou outro dispositivo, o qual faz cálculos para definir a sua localização. Trata-se de um método bastante preciso, porque não envolve transmissão de dados, mas apenas a recepção do sinal (Kaminsky, 2023).

Os sistemas de navegação mais populares via satélite são o GPS (*Global Positioning System*), GLONASS (Sistema Global de Navegação por Satélite) e Galileo, sendo que o primeiro é o mais utilizado em veículos e *smartphones*. Eles apresentam diferentes características em relação à quantidade, precisão da localização e, também, locais em que operam, conforme se demonstra a seguir (Alecrim e Higa, 2023).

	GPS	GLONASS	Galileo
Países criadores	Estados Unidos	Rússia	União Europeia
Número de satélites	32 no total, 31 em operação	24 no total, 24 em operação	30 no total, 28 em operação
Cobertura	Global desde 1995	Global desde 2011	Global desde 2019
Precisão	Inferior a 5m	Inferior a 10m	Inferior a 5m
Altitude dos satélites	cerca de 20.200 km	cerca de 19.100 km	cerca de 23.200 km
Compatibilidade	Ampla	Ampla	Em expansão
Finalidades de uso	Militar (inicialmente) e civil	Militar (inicialmente) e civil	Civil

Alecrim e Higa (2023) informam que o GPS é o sistema de navegação por satélite mais popular, mas que há outros como o BeiDou (desenvolvido na China, em operação desde 2011, tanto para fins militares como civis), o QZSS (criado no Japão, para cobertura do GPS na Ásia e Oceania) e o NavIC (sistema indiano que visa cobrir o território de toda Índia). Segundo eles, há estudos que indicam que a sua combinação do GPS com o GLONASS e o Galileo pode melhorar a acurácia da localização.

O método GPS não funciona muito bem em ambientes fechados, para os quais há outras formas de determinar a localização de um dispositivo nesses locais. A mais tradicional é por meio da identificação de quais torres de telefonia que estão próximas do aparelho celular naquele momento (Kaminsky, 2023).

1.2 TORRES DAS OPERADORAS DE TELEFONIA

O telefone é um meio de comunicação em constante evolução. Inicialmente funcionava com fio, pois as ondas sonoras eram convertidas em sinais elétricos enviados por cabos. Posteriormente, surgiram os telefones sem fio, móveis, que funcionam por meio de aparelhos celulares, que são os rádio transmissor-receptores que se comunicam com antenas fixas chamadas de Estações Rádio Base (ERBs), as quais são ligadas via rádio ou fibra ótica a uma Central de Comutação e Controle (Tenorio, 2015).

Consoante Lopes (2015), as principais funções da Central de Comutação e Controle são:

- Prover a interface entre a rede telefônica e o sistema celular;
- Comunicar-se com outros sistemas celulares;
- Controlar as ERB's;
- Monitorar e controlar as chamadas;
- Interligar as várias ERB's;
- Supervisionar o estado do sistema;
- Controlar e comutar o hand-off de chamadas;
- Administrar o sistema.

Nas localidades em que há cobertura da telefonia celular, cada região geográfica é dividida em células e cada célula possui uma Estação Rádio Base. A figura abaixo, de autoria de José Queiroz de Miranda Neto (2008), demonstra a realização de uma chamada por um telefone fixo (1), processada pela central de telefonia (2), que a direciona para uma central de comutação e controle (3), que a envia para a ERB (4) na qual está localizado um telefone móvel (5).

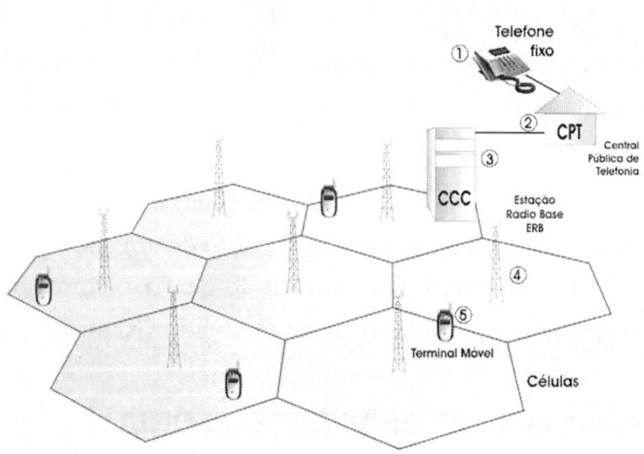

Para que os serviços de telefonia móvel sejam utilizados, os aparelhos emitem sinais que são ondas de rádio captadas pelas torres das operadoras de telefonia (ERBs), ainda que o usuário se desloque de uma célula para outra. Assim, quando o usuário realiza uma chamada telefônica, a torre vai registrar o horário de início ou término dessa chamada, a partir da primeira torre (para operadoras *Tim*, *Claro* e *OI*) ou da última torre, no caso da operadora *Vivo* (TRT 12).

1.3 REDES *WI-FI*

O *wi-fi* é uma tecnologia que serve para conectar um dispositivo à internet sem utilizar o pacotes de dados e sem utilizar cabos. Ela transmite pacote de dados por meio de ondas de rádio. Por ser mais eficiente que o GPS em ambientes fechados, ela costuma ser muito utilizada por empresas, *shoppings*, restaurantes ou em aeroportos, por exemplo.

Para que uma rede *wi-fi* funcione, é necessário que haja um aparelho chamado de roteador e também um outro chamado *modem*. No entanto, os roteadores modernos possuem as duas funções num aparelho só. O *modem* é o aparelho que faz a conexão com a internet e é ligado ao roteador por meio de cabo. O roteador distribui os sinais de *wi-fi* por uma determinada frequência para um ou mais dispositivos por meio de cabos ou pela rede *wi-fi* (Braga e Marques, 2023).

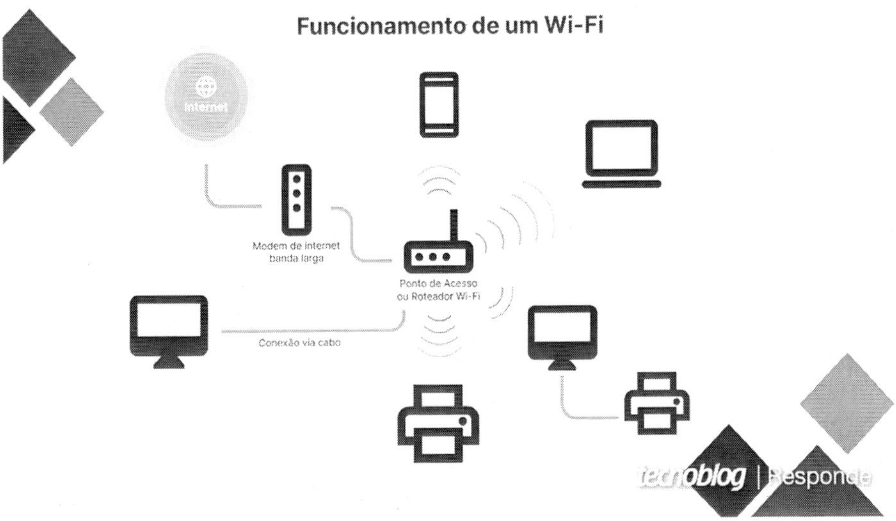

Imagem: Vitor Pádua/Tecnoblog

Toda rede *wi-fi* possui um nome de até 32 caracteres que é denominado de SSID (*Service Net Identifier*) ou Identificador de conjunto de serviços de uma rede *wi-fi*. E todo dispositivo que acessa a rede *wi-fi* possui um identificador chamado MAC (*media access control* ou controle de acesso de mídia). O MAC é constituído por 12 caracteres formados por números e letras, que o fabricante grava na placa de rede ou no adaptador de rede de um dispositivo (Caselli, 2024).

Para identificar o endereço onde está o ponto de acesso ou o roteador, existe o BSSID (*Basic service set identifier*), que pode ser encontrado por meio de aplicativos de mapeamento de *wi-fi* ou no painel de administração do roteador (Portella,

2023). Existem aplicativos como o *Wi-fi Map*, que fazem o mapeamento de redes de *wi-fi* de determinada região, de modo que o usuário que quer economizar seu pacote de dados, pode pesquisar as redes disponíveis antes de sair, o que pode ser muito útil, especialmente em viagens.

Note-se que, enquanto a habilitação de um GPS depende da autorização do usuário para que esse recurso possa ser acionado, a localização por *wi-fi* funciona independentemente do seu consentimento, bastando o acesso à rede para que o dispositivo seja rastreável. E esse formato de geolocalização funciona ainda que o GPS do aparelho esteja desabilitado, pois, como exposto, são tecnologias que não se confundem.

1.4 *BLUETOOTH* E *BEACONS*

O *bluetooth* é uma tecnologia de conexão que utiliza ondas rádio de curto alcance e que não utiliza cabos. Ela é feita entre os aparelhos sem a necessidade de ter um equipamento para controlar esse tráfego de dados (Alecrim e Marques, 2023). Além de compartilhar contatos ou fotos entre aparelhos, os dispositivos *bluetooth* também podem ser usados para definir a posição geográfica de um aparelho em relação a outros dispositivos *bluetooth*.

Para que dois ou mais dispositivos possam se comunicar e transmitir um ao outro os dados desejados, é necessário, inicialmente, que eles sejam pareados ou emparelhados. Esse processo consiste em fazer com que os dispositivos se identifiquem e geralmente é feito apenas uma vez. Por exemplo, é possível emparelhar um relógio que marca batimentos cardíacos com o aparelho celular, ou o aparelho celular ao veículo, ou fones de ouvido, teclado e *mouse* ao computador, sem fios.

Quanto ao alcance, o *bluetooth* pode ser classificado em classe 1, cujo alcance vai até cem metros e a potência máxima é de 100 miliwatts (mW); classe 2, que é a mais comum, em que o alcance é de até dez metros e a potência é de 2,5 mW; classe 3 que alcança até um metro e tem potência de 1 mW; e classe quatro, com alcance de somente de meio metro e potência de 0,5mW (Alecrim e Marques, 2023).

Em relação às versões, essa tecnologia tem evoluído ao longo do tempo, iniciando-se com o *bluetooth* 1.0, em 1998, até chegar na versão 5.4, lançada em fevereiro de 2024. Esta última, com possibilidade de comunicação bidirecional e melhora em vários aspectos como taxa de transferência, consumo de energia, serviços de localização, segurança e estabilidade de conexão (Alecrim e Marques, 2023).

A tecnologia *bluetooth* possui diferentes protocolos que devem ser seguidos para assegurar a eficiência da comunicação e a compatibilidade entre os dispositivos, que são chamados de perfis. Entre eles, o A2PD (perfil avançado de distribuição de áudio), por exemplo, define como o áudio será transmitido no caso de um celular reproduzir música em fones de ouvido, o VCP (perfil de distribuição de vídeo) para transmissão de vídeo de uma central de mídia para uma TV, o HFP (perfil de mãos livres) que torna possível ativar chamadas sem o uso das mãos, no caso do painel de um carro que se comunica com o celular, por exemplo. E, também, o GOEP (perfil de troca de objetos genéricos), que serve para troca de dados específicos, como a transferência de arquivos entre um notebook e um celular (Alecrim e Marques, 2023).

Esses protocolos permitem que haja diversas aplicações dessa tecnologia, para além da transmissão de áudio, vídeos e arquivos, especialmente para internet das coisas, tornando possível que equipamentos domésticos e dispositivos residenciais, industriais e médicos se comuniquem entre si.

Embora o alcance do *bluetooth* seja limitado, na sua maioria, em até dez metros, as versões atuais tornaram a localização mais precisa em ambientes fechados. Elas adicionaram novos recursos chamados de AoA (*angle of arrival*) e AoC (*angle of departure*), que tornam a transmissão seja direcionada com maior precisão (Alecrim e Marques, 2023).

Essa evolução tem sido fundamental para as ações de *marketings,* quando as empresas utilizam dispositivos conhecidos como *beacons,* que utilizam o *bluetooth* para enviar sinais para aparelhos celulares ou outro dispositivo que esteja próximo, enviando notificações como ações promocionais de um determinado estabelecimento (Dantas, 2022). É por isso que muitas vezes quando estamos passando por um determinado local começamos a receber informações de produtos ou ofertas de uma determinada loja.

1.5 GEOLOCALIZAÇÃO POR IP *(INTERNET PROTOCOL)*

Sempre que se abre um navegador (como o *Google Chrome*, Safari, *Microsoft Edge*, *Mozilla Firefox* e outros), que é a porta de entrada para essa grande rede que é a internet, o provedor desse serviço atribui um número de IP (*internet protocol*) ao seu usuário. Esse número não é aleatório, pois existem feixes numéricos, numa quantidade limitada, que foram distribuídos pelo mundo, de forma organizada pela entidade internacional competente para tanto, conhecida como IANA (*Internet Assigned Numbers Authority*).

A IANA delega essa função para as cinco entidades regionais[10] existente, as quais são distribuídas pelos cinco continentes e se encarregam de distribuir os blocos de números de IPs para as operadoras que, por sua vez, os atribuem ao cliente no exato momento em que este acessa a internet. Assim, todo acesso à internet é identificado por esse número de IP que o provedor de serviços atribuiu ao cliente naquela data e horário, como um identificador único[11]. Dentro de cada uma dessas regiões, há, ainda, em cada país uma autoridade que faz a distribuição dos endereços. No Brasil, esse serviço é feito pelo Núcleo de Informação e Coordenação do Ponto (NIC.br).

Inicialmente, havia apenas o IPV4, implantado em 1983, o qual, em razão de seu formato de 32 bits, acomodava aproximadamente quatro bilhões de endereços. Como essa quantidade se tornou insuficiente para atender o grande número de usuários da internet, tendo se esgotado em 2011 (SILVA, 2011), foi criado o IPV6, oficializado em 2012, cujo formato é de 128 bits, apresentados em formato hexadecimal (com oito grupos de quatro dígitos), razão pela qual pode acomodar 340 undecilhões de endereços (SILVA, 2011).

Para saber o número do IP que você está usando nesse momento, basta acessar "whatismyipaddress.com", que você verá não só esse número, que pode ser do IPV4 ou do IPV6, mas também qual é o provedor de serviços, além de um mapa mostrando a localização geográfica desse IP. Mas atenção, no caso da localização no mapa, pode acontecer do número de IP atribuído a um usuário de um estado da federação, seja atribuído a outro assinante de outro local, por não existir outros IPs disponíveis no momento.

Consequentemente, para ter a certeza da localização do IP, a forma mais confiável é solicitar que o provedor de serviços de internet informe os dados cadastrais do cliente a quem foi atribuído o IP em determinada data e horário. Neste caso, se várias pessoas estão utilizando a mesma rede de *wi-fi*, por exemplo, elas terão o mesmo número de IP, identificando-se o endereço do roteador que está fazendo a conexão e não as pessoas que a estão utilizando.

Ressalte-se que a cada acesso à internet, seja em *sites*, *blogs*, redes sociais ou mesmo a cada envio de mensagem por aplicativos de mensageria, identifica-se esse número de IP da conexão, de modo que, basta solicitar ao provedor dos

(10) A LACNIC administra os IPs da América Latina e algumas ilhas do Caribe. A AFRINIC administra os IPs da África, a APNIC administra os IPs da Ásia e Pacífico, incluindo a Oceania, a ARIN administra os IPs do Canadá, Eua e algumas ilhas do Caribe. A RIPE NCC administra os IPs da Europa, Oriente Médio e Ásia Central (IANA).

(11) De maneira excepcional, há situações em que um único IP pode ser compartilhado por vários dispositivos, por meio da tecnologia CGNAT, como se fosse um PABX de linhas telefônicas (Capanema, 2024).

serviços o IP da referida conexão na data e horário para saber quem foi o cliente que recebeu esse número. É assim que se torna possível identificar o autor de uma postagem ofensiva numa rede social, por exemplo.

Também é importante destacar que há ferramentas que conseguem identificar o IP de uma conexão sem que haja solicitação desses dados à operadora de telefonia. Exemplo disso é o rastreador de IP conhecido como IP Logger(12) por meio do qual é possível enviar um *link* para o alvo e assim que o destinatário clicar no mesmo, será possível identificar esse número.

Por outro lado, há também diversas maneiras de esconder o IP durante a conexão à internet. Os meios mais conhecidos são mediante utilização de uma VPN que é um serviço que oferece criptografia e navegação sigilosa (Gogoni, 2019) ou um *proxy*, que é um intermediário que não cria uma rede criptografada, como a VPN, mas recebe e repassa requisições ao *site* acessado, registrando o IP do *proxy* e não o do usuário (Gogoni, 2019). Entretanto, existe também "Tor Browser" que é um navegador baseado no *Mozilla*, que usa *proxies* para desviar a conexão, mascarar o IP e dificultar a sua identificação (Gogoni, 2019).

Barbara Ablas (2024) esclarece que a VPN oculta o IP pessoal de maneira que se torna possível navegar de forma anônima pela internet, impedindo que terceiros rastreiem suas atividades, além de permitir uma conexão remota com servidores de outros países levando a crer que o IP esteja num outro país. No entanto, a segurança da VPN dependerá muito da qualidade do serviço, não sendo possível garantir 100% de anonimato. Neste caso, é importante saber que quando ocorre oscilação da conexão, é possível que, durante a navegação na internet, apareça o IP real da conexão nesses lapsos, especialmente em caso de VPNs gratuitas, o que facilitará a identificação do usuário.

1.6 COMBINAÇÃO DE TECNOLOGIAS PARA OBTENÇÃO DE GEOLOCALIZAÇÃO

Um fator relevante que deve ser observado quando se trata das tecnologias de geolocalização é que estão em constante evolução e a cada dia são mais precisas, pois há um grande interesse das empresas na adoção de estratégias baseadas nessa tecnologia, para fins de *marketing*, logística e recursos humanos. Consequentemente, para que a geolocalização de um dispositivo seja a mais acertada possível, é comum a combinação entre diversas tecnologias, como GPS e *wi-fi*, ou GPS e GSM, por exemplo.

---

(12) Essa ferramenta está disponível no link: https://iplogger.org/pt/ip-tracker/.

Essa informação é relevante porque é comum a alegação em alguns processos de que a posição geográfica do aparelho pode ser inexata ou pode sofrer interferências climáticas, no caso das tecnologias que dependem dos sinais de satélites, a exemplo do GPS. E, nestes casos, nem por isso, a localização deixará de ser definida, pois o próprio dispositivo tentará rastrear a localização por meio das demais tecnologias disponíveis, como *wi-fi* e *bluetooth*.

Para exemplificar, na página da *Google* sobre privacidade & termos, por exemplo, existe uma aba chamada de "tecnologias", onde há o esclarecimento sobre "como a localização do dispositivo funciona". No caso do sistema *Android*, consta que os dispositivos estimam a localização usando diferentes entradas, como GPS, sinais de rede móvel e de *wi-fi* e sensores (aí incluídos acelerômetro, giroscópio, magnetômetro e barômetro).

Inclusive, é por meio desses sensores que é possível estimar se um deslocamento identificado pela *Google* se deu por meio de caminhada, veículo ou outro meio de transporte, informação que pode ser útil, por exemplo, para saber se um empregado fazia uso de transporte público para se deslocar até o trabalho. E todo o histórico fica disponível na conta do usuário e nos servidores da *Google*.

A *Google* também oferece um serviço de "Precisão de local" (sigla em inglês, GLA) que utiliza informações de sinais sem fio, como *wi-fi*, torres de celular e GPS, além dos sensores mencionados, principalmente para ambientes fechados ou próximos a edifícios altos, em que o GPS não esteja disponível. Esses dados, que determinam o local de forma mais precisa, são obtidos por meio de produtos *Google* ou de outros aplicativos que solicitam permissão para acessar a sua localização, no momento da instalação.

As informações abaixo[(13)] evidenciam o poder que essa empresa pode atingir quando se pensa na extensão dos dados de localização que coleta, uma vez que milhares e milhares de pessoas possuem dispositivo *Android* e utilizam seus serviços ou essas funções, sempre que os aplicativos instalados permitem a coleta de dados de localização:

> Quando a Precisão de local está ativada, o *Google* coleta periodicamente informações sobre os locais de sensores e sinais sem fio observados pelo dispositivo para contribuir com estimativas de local por *crowdsourcing*. Para evitar que os dados coletados identifiquem você, o *Google* usa um identificador temporário e aleatório que não

(13) Retiradas da Central de Ajuda da *Google*, disponível em https://support.google.com/android/answer/15157297?sjid=15172996581494824799-SA. Acesso em 05 out. 2024.

> está associado a uma pessoa ou conta específica. Esses identificadores mudam de forma automática e frequente. Por exemplo, vários dispositivos podem fazer *upload* de informações sobre um determinado ponto de acesso Wi-Fi logo após observarem sinais de GPS. O *Google* usa essas informações para determinar que esse ponto de acesso Wi-Fi está próximo a esses sinais de GPS, sem precisar saber a identidade dos usuários que contribuíram.

Nota-se, portanto, que, ainda que a localização não demonstre de forma exata a localização de um dispositivo, por exclusão, é possível saber com bastante assertividade o local em que o dispositivo não estava, por exemplo, quando se discute se houve o cometimento de um crime, a celebração de um contrato de empréstimo ou a realização de horas extras, numa relação de emprego.

Por fim, registra-se que quando o modo avião do celular é ativado, as transmissões de sinais são interrompidas, inviabilizando as funções sem fio como *wi-fi* e *bluetooth*. Embora Gogoni (2019) afirme que o modo avião desliga os sistemas de telefonia celular, *wi-fi*, *Bluetooth* e GPS, Garvalhoso (2024) esclarece que a localização do GPS não é desativada, pois neste caso os sinais são recebidos por satélite, sem dependência da rede ou de serviços celulares.

2 Fontes dos dados de geolocalização

Frederico Bueno de Mata (2014) afirma que a prova eletrônica é composta de dois elementos: um material, que depende de um *hardware* e corresponde à parte física da prova, e outro por um elemento intangível, representado por um *software*, constituído pelos metadados e arquivos eletrônicos. E, realmente, é possível coletar dados tanto em dispositivos físicos como celular, DVD, relógio, TV, *pen drive*, USB, câmeras fotográficas, entre outros, mas também é possível obtê-los em um programa instalado no dispositivo, como os de registro de ponto, uma agenda eletrônica, um arquivo do *Word*, uma fotografia digital.

O procedimento para obtenção desses dados e a inserção deles no processo dependerá de algumas peculiaridades, como saber em posse de quem estão (se em posse da parte, de terceiros ou armazenados em um dispositivo apreendido), se estão em fontes abertas ou fechadas e se realmente já foram transmitidos ou ainda estão em processo de transmissão. Neste último caso, por exemplo, há um rito legal específico a ser observado, além de haver a reserva de jurisdição, pois restrito à área criminal.

De todo modo, como o objetivo desta obra é lançar luzes sobre a obtenção de dados de geolocalização como meio de prova nos processos judiciais em geral, interessam aqui as duas principais fontes probatórias, que se referem apenas a dados armazenados: aqueles que foram captados por aplicativos instalados no aparelho celular do usuário, geralmente por meio do GPS, *wi-fi* ou *bluetooth* e os que foram registrados pelas antenas das torres das operadoras de telefonia, no momento em que a pessoa utilizou o aparelho celular.

No entanto, é preciso ressaltar que há também técnicas de rastreamento de dispositivos em tempo real, as quais não poderiam deixar de ser mencionadas, pois embora sejam restritas ao âmbito do processo penal, para situações excepcionais em crimes graves, elas também têm sido cada vez mais utilizadas em atividades simples da vida, como a vigilância de crianças, rastreamento de cargas ou mesmo para monitorar um empregado durante o trabalho.

Nos tópicos seguintes, serão feitas as distinções entre dados estáticos e em trânsito, para, na sequência, discorrer sobre o procedimento prático para a fase da inserção da prova digital no processo, com foco apenas nos dados estáticos.

2.1 DADOS ESTÁTICOS E DADOS EM TRÂNSITO

A obtenção de dados de geolocalização de um dispositivo pode ser feita de diversas maneiras, a depender da fonte onde tais dados podem ser encontrados. Quando um dado se encontra em fontes abertas, que são aquelas de livre acesso, sem nenhum obstáculo à sua obtenção ou conhecimento (Barreto, Wendt e Caselli, 2017), a parte ou as autoridades investigativas não necessitam de nenhuma autorização para acessá-los e introduzi-los num processo.

Lado outro, quando os dados se encontram em fontes fechadas, o acesso será restrito, pois os dados são protegidos e, neste caso, exige-se um credenciamento para acessá-los, como ocorre com Serasajud e Caged, ou os dados são negados e, neste caso, é indispensável a autorização judicial para obtê-los, como se dá com os dados bancários e fiscais (Barreto, Wendt e Caselli, 2017).

Martín (2018) conceitua as provas digitais ou eletrônicas como "toda informação de valor probatório contida em um meio eletrônico ou transmitida por esse meio". E, em consequência, ele classifica os dados em duas modalidades: aqueles que estão armazenados em um dispositivo eletrônico e aqueles que estão sendo transmitidos por qualquer rede de comunicação, seja aberta como a internet, seja restrita como na telefonia móvel e fixa.

Essa separação entre dados armazenados e transmitidos é muito importante porque os dados armazenados são estáticos, ou seja, já foram transmitidos e encontram-se em um local físico (*pen drive*, celular, DVD), na nuvem (*icloud*, *onedrive*) ou em um programa informático (*software* de uma empresa). Já os dados que estão sendo transmitidos, são aqueles em trânsito no exato momento em que estão sendo captados. Neste caso, o processo de comunicação está em curso. Portanto, só podem ser interceptados com autorização judicial, nos casos de investigação criminal ou instrução processual penal, conforme artigo 5º, XII, da CF.

A interceptação de dados em trânsito e a obtenção de dados estáticos são conceitos distintos, sendo que estes últimos não estão protegidos pelo sigilo das comunicações de dados. O Supremo Tribunal Federal já decidiu que a proteção recai sobre a comunicação dos dados, e não sobre os dados em si.[(14)].

(14) 1. STF — RE 418.416/SC. Rel. Min. Sepúlveda Pertence (DJ 19.12.2006).

Logo, os dados referentes à comunicação de um celular com a antena da operadora de telefonia que se encontram armazenados nos bancos de dados dessas empresas, assim como dados de histórico de localização, que estão na nuvem ou nos dispositivos eletrônicos, são dados estáticos e como tal não há nenhuma ilicitude em obtê-los para fins de instrução de processo judicial ou administrativo de qualquer natureza, mediante autorização judicial.

A respeito da obtenção de dados, o que muitas vezes passa despercebido é que enquanto alguns dados são criados pelo próprio usuário, outros são criados automaticamente pela máquina (Hassan, 2020). Por exemplo, ao criar um perfil numa rede social, o usuário escolhe o nome que aparecerá, insere um e-mail e faz autodeclaração de dados como o nome, o telefone, endereço e profissão. No entanto, há outros dados que são criados automaticamente pela máquina, por exemplo, o IP utilizado no momento de criação da conta ou os horários de acesso e histórico de *login* e *logout* à plataforma e outros.

O meio processual adequado para a obtenção de dados de geolocalização deverá levar em conta a natureza do dado em uma comunicação, pois eles podem ser de três tipos: dados de base, dados de tráfego e dados de conteúdo. Os primeiros são os dados cadastrais e não integram o processo de comunicação (por exemplo, nome, telefone, endereço). Os dados de tráfego são aqueles gerados automaticamente pelo processo de comunicação. Eles identificam a rede, horários, duração e, também, a localização geográfica dos dispositivos. Já os dados de conteúdo constituem o teor da mensagem/comunicação que foi emitida (Kist, 2024)

Por isso que Martín (2018) afirma que as informações ou dados que serão objeto da obtenção são de três tipos: produzidas, armazenadas ou transmitidas. E ele explica que as informações armazenadas podem estar em posse da parte, de terceiros ou em um dispositivo apreendido. Já as informações transmitidas podem ser obtidas por um dos participantes do processo de comunicação ou por terceiros.

Nos próximos tópicos se discorrerá apenas sobre a obtenção de dados de geolocalização já armazenados, estejam em eles em poder das partes, de terceiros ou mesmo em dispositivos apreendidos.

2.2 DADOS EM POSSE DA PARTE

Os dados de localização de um dispositivo podem ficar em posse do próprio usuário, de terceiros ou estar em algum equipamento apreendido. No primeiro caso, o titular dos dados pode obter esses dados acessando o aplicativo pelo próprio dispositivo. Por exemplo, no caso do *Google Maps*, é possível obter a localização de dias pontuais, acessando a linha do tempo, por meio do aplicativo.

Também é possível que o usuário faça o *download* de dados de todo o período acessando o *dashboard* da conta *Google*, conforme as orientações a seguir:

1. Acessar a conta *Google* e clicar sobre o nome do perfil no canto superior direito. Após, clicar em "gerenciar a conta *Google*":

2. Clicar na opção "dados de privacidade" na coluna da esquerda:

3. Rolar a tela para baixo até aparecer a opção "fazer *download* dos seus dados":

4. Selecionar a opção "desmarcar tudo":

5. Selecionar a opção "Histórico de localização":

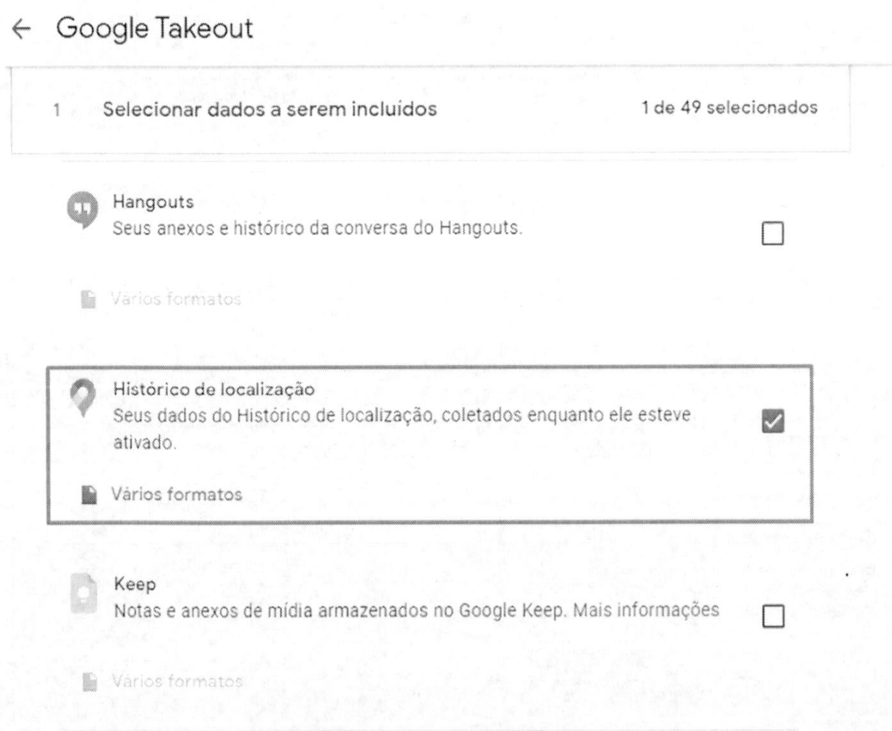

6. Clicar ao final da página em "Próxima etapa":

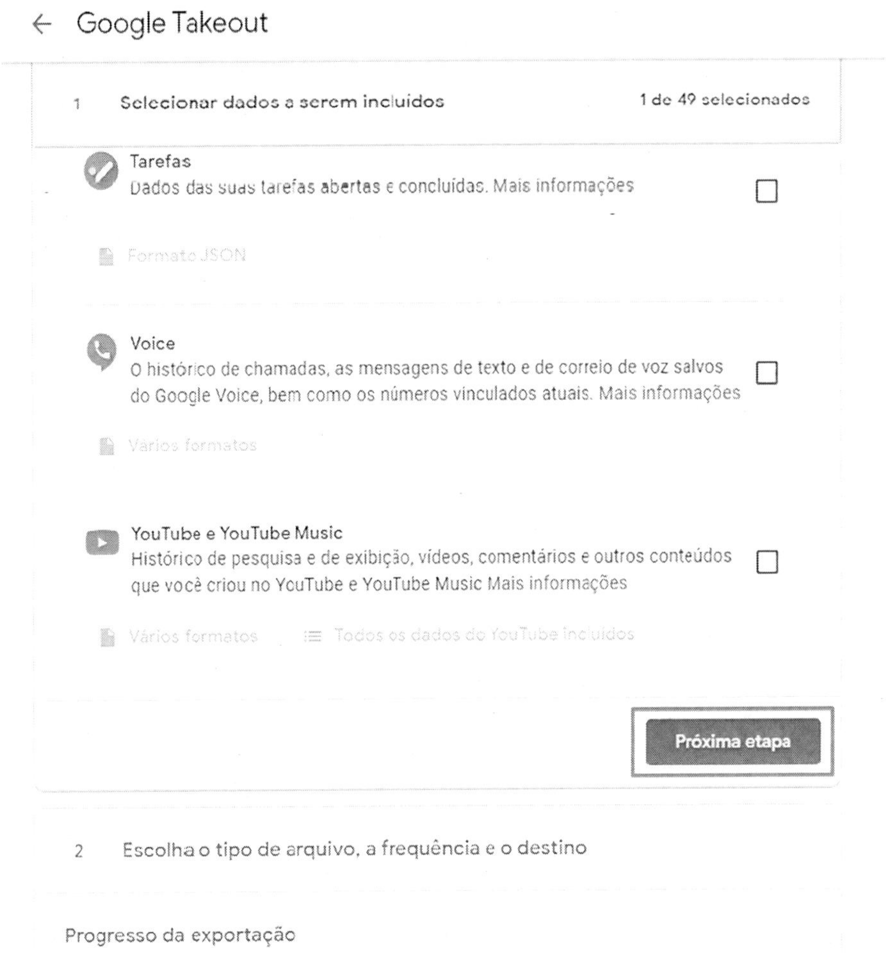

7. Selecionar a opção de método de envio "Enviar link de download por e-mail", "Exportar uma vez", ".zip" e 2GB" e clicar no botão "Criar exportação":

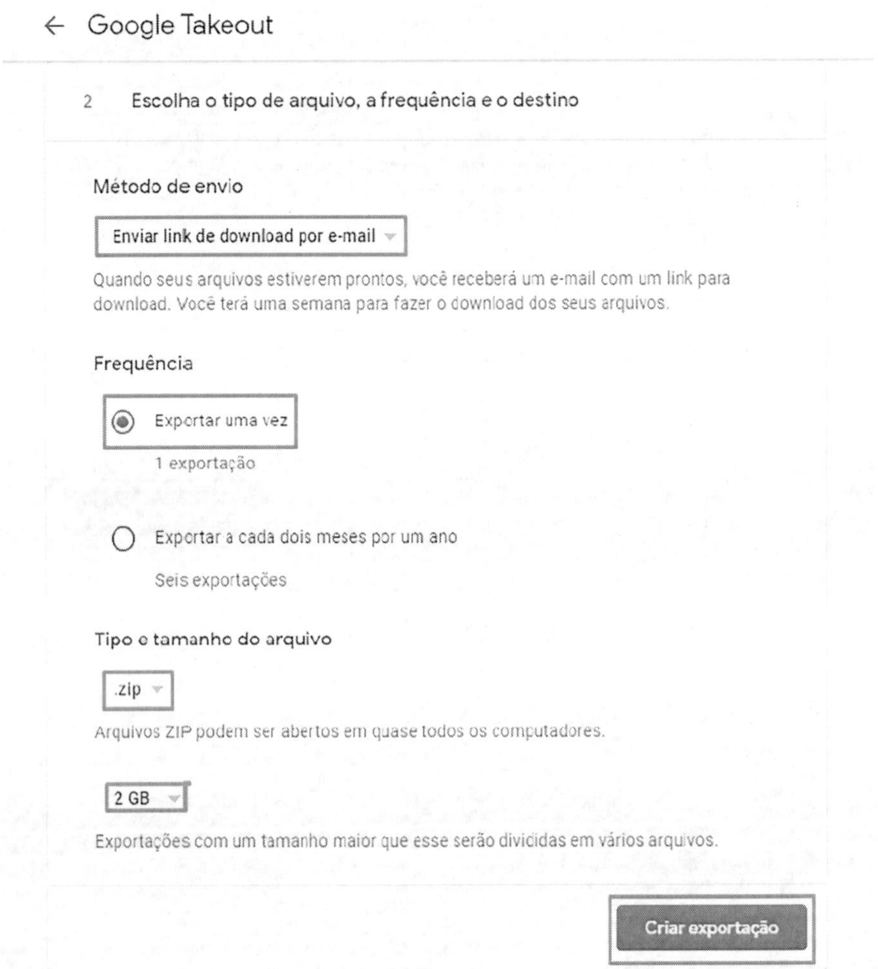

8. Aguardar até os dados ficarem prontos e clicar em "Fazer o download":

9. Ou aguardar o e-mail para clicar em "Fazer o download dos seus arquivos":

10. Localizar o arquivo "*takeout****.zip" no computador:

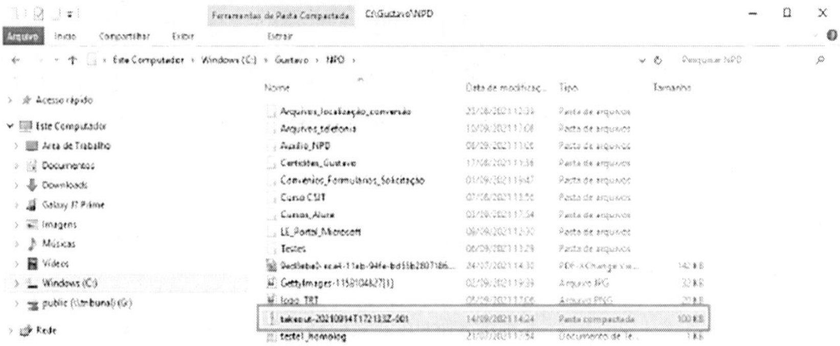

11. Enviar o arquivo por e-mail para a autoridade competente, no prazo deferido.

Uma observação importante é que o arquivo deve ser enviado para a autoridade solicitante, na pasta compactada, exatamente da forma como foi recebido após o *download,* pois caso o usuário decida mandar apenas uma parte, a prova não estará íntegra e não será possível verificar eventuais adulterações, podendo ser invalidada.

Além disso, conforme se verá no tópico 2.3.1, ressalta-se que a *Google* alterou as opções de acesso ao histórico de localização, de modo que, a partir de dezembro de 2024, os dados da linha do tempo não serão mais armazenados nos servidores da *Google*, mas tão somente no dispositivo que o usuário utilizou durante os deslocamentos. Logo, pode ser que a forma de baixar esses dados também se altere. Ademais, a opção até então existente de acessar a linha do tempo no formato *web* (pelos navegadores no computador) será extinta.

No caso do *Waze*, da mesma forma, é possível que o usuário acesse no seu dispositivo no tópico "histórico de corridas" e baixe esses dados para que sirvam como meio probatório. No aplicativo da *Uber*, do mesmo modo há a aba atividades que exibe as corridas realizadas, sua duração, horário de início e término, além do local do início e término do trajeto. Neste caso, os dados também podem ser coletados por empresas especializadas[(15)].

(15) A exemplo da Verifact, Original My, Data Certify e outras.

Note-se que, muitas vezes, a própria empresa esclarece aos usuários que coleta dados de localização e de que forma realiza esse procedimento. No *Facebook*, por exemplo, consta na sua "central de ajuda" que mesmo no caso de os serviços de localização estarem desativados, será possível estimar a localização do usuário utilizando recursos como as marcações de "*check-in*", eventos e também por meio das informações referentes à conexão com a internet. Nesta página, consta, claramente, que as informações de localização específica, como o sinal de GPS do aparelho e informações de conexão de *wi-fi* e endereço de IP ajudarão a entender onde este usuário está (*Facebook*, 2024).

E outros aplicativos como os de bancos, de entrega de comida, de transporte, ou mesmo de *streaming* (como *Netflix*, *Spotify*), para ficar apenas nos mais comuns, também registram a localização do dispositivo, até porque essa funcionalidade é uma condição para que o usuário possa usufruir desses serviços. No caso da Caixa Econômica Federal, por exemplo, é impossível fazer uma aposta na loteria federal se o celular estiver com uma VPN de fora do país ou se a localização não estiver ativada.

Nesse sentido, é possível citar diversos exemplos de como a localização registrada por meio dessas aplicações podem ser úteis para o direito probatório em investigações ou processos judiciais, como se demonstrará no capítulo seis e, em muitas situações a coleta da prova digital pode ser feita pelo próprio usuário.

2.3 DADOS EM POSSE DE TERCEIROS

O Marco Civil da Internet autoriza a solicitação de três tipos de dados: os cadastrais, os de conexão e os de aplicações.

Para os dados cadastrais, que são aqueles que dizem respeito ao nome, endereço, e-mail e contato telefônico dos usuários, o Ministério Público pode fazer a solicitação diretamente ao responsável pela guarda, independentemente de autorização judicial, se estiver em bancos públicos. Esses dados geralmente são autodeclaráveis pela pessoa ao criar um perfil numa rede social, uma conta de e-mail, ou ao assinar um serviço prestado por empresas como *Netflix*, *Spotify*, *Ifood*, *Amazon*, *Mercado Livre* e outras.

Já para a obtenção dos dados registrados pelos provedores, a respeito da conexão e acesso, é indispensável que haja autorização judicial e que sejam cumpridos os requisitos previstos no artigo 22 do Marco Civil da Internet, a saber: fundado receio da ocorrência de um ilícito, justificativa da utilidade dos dados para fins de investigação ou instrução probatória e a delimitação do período ao qual os registros se referem. Neste caso, por ter a custódia desses dados, o juiz deverá assegurar o sigilo desses dados para preservar a intimidade, privacidade, imagem e honra do investigado.

A respeito da compreensão do que seja um provedor, é importante esclarecer que o Marco Civil da Internet classifica os provedores em dois tipos: de conexão e de aplicações. O primeiro é o responsável pelos serviços que possibilitam o acesso à internet, como a *Vivo*, *Claro*, *Tim*, *UOL*, entre outras. Já o provedor de aplicações é aquele que dá acesso a alguma funcionalidade dentro da internet, como as redes sociais, *Netflix*, *Google*, *Microsoft*, entre outros.

O artigo 5º, do MCI, nos incisos VII e VIII, esclarece que as aplicações da internet consistem no "conjunto de funcionalidades que podem ser acessadas por meio de um terminal conectado à internet", e seus registros se referem às informações de data, horário de uso e determinação do IP do momento da utilização do serviço.

Esse artigo traz uma terminologia técnica a respeito de conceitos que integram a arquitetura da internet e, também, define o que é uma conexão e seus registros. Assim, consigna que a conexão é a "habilitação de um terminal para envio e recebimento de pacotes de dados pela internet, mediante a atribuição ou autenticação de um endereço IP". E quando se fala em registro de conexão, trata-se do conjunto das informações sobre horário de início e término de uma conexão à internet, sua duração, além da identificação do endereço IP utilizado pelo terminal para o envio e recebimento de pacotes de dados.

Consoante os artigos 13 e 15 do Marco Civil da Internet, respectivamente, os provedores de conexão possuem a obrigação de manter os registros de conexão, sob sigilo, em ambiente controlado e de segurança, pelo prazo de 1 (um) ano, nos termos do regulamento. Já os provedores de aplicações devem manter os registros de acesso a aplicações pelo prazo de 6 (seis) meses, nos termos do regulamento.

No caso do processo civil e laboral, por exemplo, não é raro acontecer de demorar um tempo desde o ajuizamento da ação, até a citação da parte e início da instrução probatória. Logo, sabendo-se que tais dados poderão ser necessários para instrução probatória num processo judicial, para se precaver, a parte ou os órgãos investigativos podem requerer que tais provedores façam a guarda desses dados por mais tempo, nos termos do artigo 13, §2º e 15, §2º do Marco Civil da Internet.

É possível que seja realizada a produção antecipada de provas quando houver receio fundamentado de que determinado fato ocorrido no meio digital se torne impossível ou muito difícil de comprovação durante o processo (art. 381, I, CPC). Nesse caso, a parte interessada poderá propor essa medida contra o responsável pela fonte onde o dado foi produzido, está armazenado ou trafegou, visando identificar o autor (art. 382, §1º, CPC).

O registro e a preservação desse dado podem ser feitos por qualquer meio idôneo, por meios manuais ou automatizados, como ocorre no caso das ferramentas disponibilizadas por empresas especializadas em coleta de provas digitais. Assim agindo, a parte reforçará os requisitos de validade da prova digital apresentada em Juízo.

Note-se, que embora o tempo obrigatório de guarda seja o acima descrito, é comum que as empresas guardem tais dados por mais tempo, até porque essa prática integra a competência principal dessas empresas que fazem tratamento de dados. Exemplo disso é a rede social *Facebook* que sempre exibe no perfil do usuário mensagens como "comemore tantos anos de amizade com alguém" ou "lembranças do *Facebook*", o que corrobora que os dados de conteúdo e de registros são armazenados por muito mais tempo do que aquele previsto em lei.

Nesse sentido, nos termos dos artigos 370, 378 e 380 do CPC, é possível uma produção das provas, necessárias ao julgamento do mérito, de ofício ou a requerimento da parte, como se verá no item 2.4. E as empresas têm o dever de colaborar com o Poder Judiciário para o descobrimento da verdade, sujeitando-se, inclusive, ao pagamento de multa ou outras medidas coercitivas aptas a tornarem a decisão efetiva.

2.3.1 Provedores de aplicações

Em razão do excesso de conectividade das pessoas à internet para as mais diversas finalidades da vida, as empresas proprietárias de aplicações captam dados desses usuários o tempo inteiro. E, mediante exigências que constam nos seus termos e serviços, condicionam que a utilização de determinado aplicativo dependa da anuência do usuário em fornecer tais dados, autorizando o tratamento e até mesmo o compartilhamento deste com outras empresas consideradas parceiras comerciais.

No caso do *Facebook*, cuja política de privacidade foi atualizada em 09 de outubro de 2024[16], ao clicar sobre a foto de perfil, na aba "central de privacidade" aparecerá a opção "política de privacidade". Nela, haverá a aba "quais informações coletamos?" e, também, "como usamos suas informações?"

(16) E pode ser acessada por meio desse link: https://mbasic.facebook.com/privacy/policy/?entry=0#. Acesso em 26 out. 2024.

Entre as informações coletadas estão, além do endereço de e-mail e telefone utilizados para criar o perfil, outros dados referentes aos aplicativos, os navegadores e o dispositivo utilizado pelo usuário para acessar o *Facebook*. Entre essas informações estão os sinais do dispositivo, os quais incluem GPS, sinais de *bluetooth*, pontos de acesso de *wi-fi* nas imediações, *beacons* e torres de antena de celular e, também, as informações provenientes das configurações do dispositivo, como localização por GPS, acesso à câmera, fotos e metadados relacionados.

Também são recolhidas informações sobre a rede utilizada para conectar o dispositivo e sobre a conexão em si, uma vez estabelecida, incluindo o endereço de IP. Neste caso, há o alerta de que, entre as informações coletadas, estão aquelas relacionadas à localização, mesmo se os serviços específicos de localização estiverem desativados nas configurações do dispositivo. Por padrão, o *Chrome*, geralmente, pede autorização quando um *site* quer acessar sua localização. No caso de uso do *Google* como buscador principal no *smartphone*, seu local é utilizado automaticamente nas pesquisas realizadas no *Google*.

Segundo a política de dados(17), as informações sobre a rede utilizada para conectar o dispositivo e sobre a conexão realizada ao acessar o *Facebook*, incluem os seguintes dados: nome da operadora de celular ou do provedor de serviços de internet (ISP), idioma, fuso horário, número do celular, endereço IP, velocidade de download e conexão, capacidade de rede, informações sobre outros dispositivos nas imediações ou na sua rede, *hotspots* de *wi-fi* aos quais você se conecta usando os produtos da *Meta*.

Sobre os produtos da *Meta*(18), incluem os seguintes: *Facebook*, Messenger, *Instagram* (incluindo apps como *Boomerang* e *Threads*), Produtos do *Facebook* Portal, *Produtos* da *Meta Platforms Technologies*, como o *Meta Horizon Worlds* ou o *Meta Quest* (ao usar uma conta do *Facebook* ou da *Meta*), Lojas, Marketplace, *Meta Spark*, *Produtos comerciais*, como *Ferramentas da Meta* para Empresas e *Meta Business* Suite, *Audience Network* da *Meta*, *Facebook View*, *Meta Pay* e experiência de finalização da compra da *Meta*.

Nesse cenário, em que empresas privadas têm potencial para recolher tantos dados, é esperado que, em algum momento, o titular dos dados ou entidades públicas, como autoridades investigativas, Ministério Público, Poder Judiciário e até mesmo outras entidades governamentais, solicitem às empresas ou entidades

---

(17) Disponível em: https://mbasic.facebook.com/privacy/policy/?annotations%5B0%5D=1.ex.28-InformationAboutTheNetwork&back_id=ref-20&entry=0. Acesso em 26 out. 2024.

(18) Informações disponíveis em: https://mbasic.facebook.com/privacy/policy/?annotations%5B0%5D=0.ex.0-WhatProductsDoesThis&back_id=ref-3&entry=0. Acesso em 26 out. 2024.

que possuem a guarda desses o acesso a eles ou o fornecimento de informações deles extraídas.

No caso do acesso aos bancos de dados, por exemplo, é possível que os usuários, nos tribunais que utilizam o PJe, acessem dentro desse sistema a Plataforma Digital do Poder Judiciário onde encontrarão diversas ferramentas de acesso aos mais diversos bancos de dados. Por exemplo, é possível acessar informações sobre histórico, valores e datas de início e término dos benefícios previdenciários de alguém, pela ferramenta PrevJud. Também é possível o acesso ao BNMP (Banco Nacional de Medidas Penais e Prisões).

Para otimizar o serviço dos serventuários do Poder Judiciário há, inclusive, diversos convênios que foram firmados com diferentes entidades para facilitar a atuação dos juízes e servidores no cotidiano. Exemplo disso são, além dos mais conhecidos como Sisbajud, Arisp e outros, o que fora firmado, em 2021, entre o Conselho Superior da Justiça do Trabalho e *Microsoft*, o qual convencionou que as ordens judiciais emitidas por magistrados trabalhistas para solicitar dados armazenados sejam encaminhadas para um portal específico[(19)].

Inexistindo convênio para acesso direto de autoridades requisitantes aos dados necessários para a instrução processual, deverá ser expedido um ofício às empresas que possuem a guarda dos dados armazenados (a requerimento da parte ou por iniciativa do Juiz, quando for o caso), consoante se extrai da interpretação do artigo 10 do Marco Civil de Internet. Esse artigo, em seu parágrafo primeiro, esclarece que os provedores responsáveis por esses dados serão obrigados a disponibilizar registros de conexão, acesso às aplicações, dados pessoais, conteúdos de comunicações privadas, mediante ordem judicial. Os dados cadastrais com filiação, endereço e qualificação pessoal também podem ser exigidos.

No caso da empresa *Google*, por exemplo, é possível que ela informe quais foram os aplicativos baixados no dispositivo, os históricos de acesso, os lugares salvos, as atividades do usuário na *web*, os acessos ao *WhatsApp*. E, para solicitar que sejam fornecidos os dados telemáticos é necessário pelo menos um desses dados: o correio eletrônico, o IMEI do aparelho ou o ID da conta *Google*.

Um aspecto relevante a ser considerado é que não raro essas empresas se recusam a atender às solicitações do Poder Judiciário e os argumentos utilizados

---

(19) Trata-se de convênio firmado por meio do ATO CONJUNTO TST.CSJT.CGJT Nº 31, DE 4 DE AGOSTO DE 2021, o qual estabelece diretrizes para a emissão de ordens judiciais dirigidas à *Microsoft Corporation* por parte de magistrados da Justiça do Trabalho, envolvendo a solicitação de informações de dados armazenados. O artigo primeiro desse ato determina que tais ordens deverão ser encaminhadas à Microsof por meio da plataforma "LE Portal", disponível no endereço https://leportal.microsoft.com.

para tanto são bastantes frágeis. Por exemplo, no caso em que o *Facebook* foi multado por descumprir ordem judicial durante uma investigação criminal[20]. A boa notícia é que os tribunais nem sempre tem aceitado essa conduta que, inclusive, já foi objeto de discussão no STJ, no caso da investigação da morte da vereadora Marielle Franco, e que agora será analisado pelo Supremo Tribunal Federal, que reconheceu a repercussão geral (Tema 1148).

Segundo os termos da política de privacidade da *Google*[21], ela coleta os termos pesquisados, vídeos assistidos, visualizações e interações com conteúdo e anúncios, informações de voz e áudio, atividade de compra, as pessoas com quem você se comunica ou compartilha conteúdo, atividades em *sites* e *apps* de terceiros que usam os serviços *Google* e histórico de navegação do *Chrome* que você sincronizou com a Conta do *Google*. A *Google* também coleta informações do usuário que constam em fontes abertas e que seus parceiros disponibilizam.

Especificamente sobre a localização, consta que sua coleta depende dos produtos utilizados e das configurações escolhidas, mas incluem GPS e outros dados do sensor do seu dispositivo, endereço IP, atividade nos Serviços da *Google*, como pesquisas ou lugares identificados como casa ou trabalho e informações de itens próximos do dispositivo, como pontos de acesso *wi-fi*, torres de celular e dispositivos com *bluetooth* ativado.

No caso dos dispositivos *Android*, que são desenvolvidos pela *Google*, para estimar a localização da forma mais precisa possível, eles o fazem por diferentes entradas, que incluem GPS, sensores (como acelerômetro, giroscópio, magnetômetro e barômetro), sinais de rede móvel e de *wi-fi*. Esses dois últimos especialmente para ambientes fechados em que os sinais de GPS são imprecisos ou não estão disponíveis[22].

É importante notar que, recentemente, houve uma mudança na política de dados da *Google* que anunciou que, a partir de dezembro de 2024, os dados da linha do tempo não serão mais armazenados em nuvem, mas apenas nos dispositivos que o usuário utilizou durante o deslocamento. Além disso, só haverá o registro dos dados dos últimos noventa dias, pois os períodos anteriores serão deletados (Kleina, 2024).

---

(20) Notícia disponível em: https://www.migalhas.com.br/quentes/329614/facebook-nao-consegue-afastar-multa-por-descumprir-ordem-judicial-em-investigacao-criminal. Acesso em 26 out. 2024.

(21) Disponível em: https://policies.google.com/privacy#infocollect. Acesso em 26 out. 2024.

(22) Informações disponíveis no *site* da *Google*. Disponível em: https://policies.google.com/technologies/location-data. Acesso 16 out. 2024.

Assim, decorrido o prazo de noventa dias, as informações poderão ser consultadas apenas no mesmo aparelho celular utilizado durante os deslocamentos. Para os usuários que já tinham essa funcionalidade de armazenamento do histórico de localização habilitada, a *Google* enviará uma notificação com a possibilidade de migrar para o novo formato. Neste caso, será oferecido um *backup* criptografado do histórico dos últimos anos. Porém, se o usuário não se manifestar, ou não quiser aderir, perderá todos os seus registros existentes.

Diante disso, é provável que a *Google* não seja mais instada por autoridades investigativas ou pelo Poder Judiciário a fornecer os dados da linha do tempo dos usuários, embora seja relevante ressaltar que não se sabe ao certo quais serão os dados que realmente serão do conhecimento dessa empresa. Além disso, a determinação judicial continua sendo possível diretamente para o usuário.

Fato é que mesmo quando os usuários desabilitavam a localização, a *Google* ainda assim armazenava esses dados sem o conhecimento do usuário. Essa conduta da *Google* de omitir as informações coletadas do usuário, inclusive, ocasionou-lhe a obrigação de pagar U$ 391,5 milhões em um acordo judicial, envolvendo dezenas de estados nos EUA[(23)]. O mesmo aconteceu na Austrália, ocasionando multa no importe de U$ 60 milhões (Meira, 2022).

Ainda em relação a terceiros, é possível solicitar das empresas que disponibilizam aplicações para a internet, que forneçam o IP das postagens ou do momento em que a conta foi criada e, a partir daí, identificar o assinante a quem a provedora de conexão atribuiu o número de IP no momento e data da referida postagem, mensagem ou pedido, a depender do serviço prestado (postagem em rede social, aplicativo de mensageria ou entrega de comida, por exemplo).

Isso porque sempre que é feita uma postagem na rede social, o envio de uma mensagem pelo *WhatsApp*, a solicitação de uma corrida da *Uber*, o pedido de uma comida ou o acesso à *Netflix* ou *Spotify*, essas empresas identificam o IP que está sendo utilizado para navegar na internet. Depois, de posse desse número de IP, basta solicitar ao provedor da conexão a informação sobre qual foi o cliente que recebeu aquele número de IP naquele dia e horário para se chegar aos dados cadastrais desse usuário.

Um exemplo disso se deu no caso em que o humorista Mução[(24)] foi preso sob acusação de pertencer a uma rede virtual de pedófilos e, posteriormente, apesar

---

(23) Segundo reportagem da BBC News procuradores-gerais de quarenta dos cinquenta estados americanos, após uma investigação, acusaram a empresa de rastrear os usuários que tinham desabilitado a geolocalização em seus dispositivos. Disponível em: https://www.bbc.com/portuguese/internacional-63647284. Acesso em 05 out. 2024.

(24) Exemplo dado pelo professor Fabrício Patury, docente do curso de formação de formadores no curso Produção de provas digitais, promovido pela Enamat, em abril de 2021.

dos dados do IP levarem à casa do acusado, seu irmão confessou[25] ter utilizado a senha dele para receber imagens e disseminá-las.

Nota-se, portanto, a capacidade inesgotável dessas empresas, que lidam com tecnologia, de coletar uma quantidade infinita de dados e, também, de utilizar técnicas para analisá-los e processá-los de maneira impossível para os seres humanos. É exatamente essa mudança em torno da extração e utilização desses dados que tem balançado as estruturas do Direito e levado grandes desafios ao Poder Judiciário, que se vê obrigado a rever conceitos como privacidade, informação e publicidade, que foram forjados para outra realidade.

2.3.2 Operadoras de telefonia

O aparelho celular se tornou praticamente uma extensão do corpo humano, acompanhando as pessoas durante seus deslocamentos diários e até mesmo durante os momentos de repouso. Esse hábito da sociedade atual se evidencia pela quantidade expressiva de aparelhos celulares em uso e de dispositivos conectados à internet[26].

Consequentemente, tornou-se plenamente possível identificar a posição geográfica de uma pessoa por meio do rastreamento do percurso feito pelo aparelho celular em determinado dia e horário, ou em tempo real. Por outro lado, essa possibilidade desafia o direito constitucional à privacidade das pessoas, pois, conforme mencionado na decisão americana *Carpenter Vs. United States,* quando se rastreia um aparelho celular, é possível fazer uma vigilância quase perfeita como se o usuário do aparelho utilizasse uma tornozeleira eletrônica[27].

O procedimento operacional para se identificar a localização de um dispositivo ocorre da seguinte forma: as operadoras de telefonia possuem torres espalhadas por todo território nacional, as quais são identificadas por um código numérico (*cell* ID) que correspondem a uma latitude e a uma longitude. Essas torres são conhecidas como estação rádio base (ERB) e são compostas por antenas

---

(25) Saiba mais sobre o caso no *site* da Gazeta do Povo, disponível em https://www.gazetadopovo.com.br/vida-e-cidadania/mucao-e-libertado-apos-irmao-assumir-culpa-por-pedofilia-3jd0vvrrv7p2pugfzz8stizwu/. Acesso em 13 out. 2024.

(26) O estudo realizado pela FGV revela que há 1,2 smartphone por habitante no Brasil, totalizando 258 milhões de celulares inteligentes e o total de 480 milhões de dispositivos digitais (computador, notebook, tablet e smartphone) em uso no Brasil, incluindo ambiente corporativo e doméstico. Disponível em: https://portal.fgv.br/noticias/pesquisa-revela-brasil-tem-480-milhoes-dispositivos-digitais-uso-sendo-22-habitante. Acesso em 13 out. 2024.

(27) *Carpenter Vs. United States.*

que captam os sinais de radiofrequência quando um aparelho celular é utilizado dentro da sua área de cobertura. E como a área de cobertura da antena não é de 360 graus, para tornar a localização do dispositivo ainda mais precisa, as operadoras de telefonia fornecem o que elas chamam de azimute(28), que representa a direção de um ponto em relação ao norte magnético, por meio de uma medida angular que vai de 0º a 360º, em sentido horário. Em relação ao raio de alcance da antena, não há como especificá-lo, pois dependerá de fatores climáticos e estruturais da localidade, os quais podem interferir no sinal emitido.

A solicitação desses dados, por serem considerados sensíveis, depende de autorização judicial e se faz mediante expedição de ofício à operadora de telefonia, por meio eletrônico, solicitando os seguintes dados: dados cadastrais do titular da linha telefônica; histórico de chamadas ou voz (data, hora e duração da chamada) e de conexão de dados; localização da ERB; indicação do IMEI do aparelho do usuário; forma de pagamento das faturas ou pagamento das recargas; linhas telefônicas registradas no CPF da parte (TRT 12).

Portanto, além do número do telefone, é imprescindível saber qual é a operadora responsável pelo serviço. Essa informação pode ser obtida de maneira muito simples, acessando o *site* "Qual é a operadora" e digitando o número do telefone desejado com o DDD da localidade. Se durante o lapso temporal em discussão, o investigado fez portabilidade de seu número para outra operadora, também é possível verificar no *site* da Associação Brasileira de Recursos em Telecomunicações (ABR Telecom) a situação atual do número de telefone e os dados de portabilidade. Essa associação foi escolhida como Entidade Administradora da Portabilidade Numérica no Brasil, e ela é responsável por gerenciar o processo de portabilidade, o qual deve ser assegurado pelas operadoras para todos os usuários de telefonia móvel ou fixa(29).

Abaixo, segue um modelo de despacho que pode ser utilizado para a requisição de dados das operadoras de telefonia:

---

(28) Conforme informações disponíveis no blog Aero. Disponível em: https://aeroengenharia.com/glossario/o-que-e-definicao-de-azimute/#:~:text=O%20azimute%20%C3%A9%20amplamente%20utilizado,que%20requerem%20uma%20dire%C3%A7%C3%A3o%20precisa. Acesso em 13 out. 2024.

(29) As principais responsabilidades da ABR Telecom podem ser conferidas no seu *site*, no qual também consta o Regulamento Geral da Portabilidade. Disponível em: https://www.abrtelecom.com.br/entidades/portabilidade-numerica. Acesso em 19 out. 2024.

Determina-se à operadora de telefonia e provedora de conexão e de aplicações de internet OPERADORA S.A. que, no prazo máximo de 72 (setenta e duas) horas, forneça a este juízo, relativamente ao número de telefone móvel +55 DDD 9 00000000, delimitado ao período de__/__/20__ a __/__/20__:

a) os dados cadastrais;

b) histórico de chamadas recebidas e efetuadas, acompanhado do registro de ERB;

c) histórico das mensagens SMS recebidas e originadas, acompanhado do registro de ERB;

d) histórico de conexões;

e) em formato .PDF e em arquivo EXCEL (.xls ou .xlsx) do número supra exposto, identificação de ERB (código de estação de rádio base), com endereço, latitude, longitude, setorização e abertura em graus (azimute);

f) números dos IMEIs de todos os aparelhos telefônicos no período indicado e no prazo pretérito de 6 meses (referentes ao CPF investigado)

É importante delimitar o período e não solicitar informações sobre períodos muito extensos para facilitar a análise dos dados. Também é recomendado que os dados sejam colocados em sigilo, com visibilidade restrita às partes e seus advogados, para preservar a privacidade dos envolvidos.

As operadoras de telefonia não têm condições de utilizar filtros de dias e horários muito específicos, de modo que essa providência deve ser tomada pelo Juízo. Além disso, é importante notar que os dados se referem a um momento específico da comunicação do dispositivo com a antena.

Para tornar o pedido viável, também é recomendável saber se havia torres de telefonia nas proximidades. Para isso, basta acessar uma das ferramentas que fornece o mapeamento de antenas em todo o território brasileiro[30]. A figura abaixo mostra o mapeamento de ERBs existentes na cidade de São José do Rio Preto-SP.

---

(30) Os *sites* abaixo (da Teleco, Anatel e Conexis) demonstram a localização geográfica de cada uma das estações rádio base existentes em todo o território nacional. https://www.telecocare.com.br/mapaerbs/index.php

https://sistemas.anatel.gov.br/stel/consultas/ListaEstacoesLocalidade/tela.asp?pNumServico=010.

https://conexis.org.br/numeros/mapa-de-antenas-completo/.

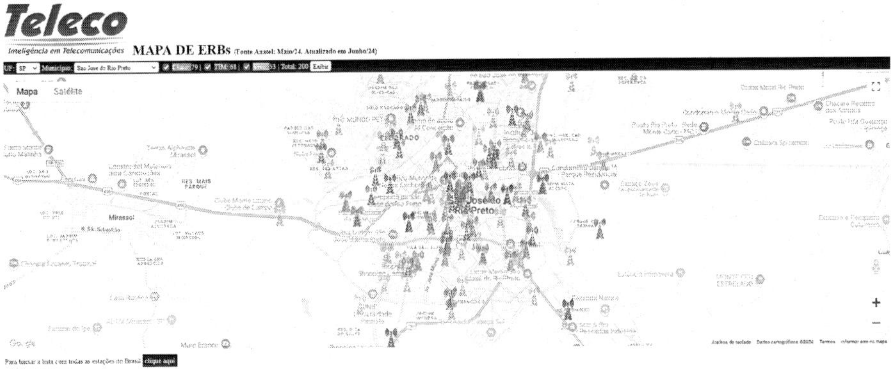

Existem também antenas móveis, as quais são instaladas provisoriamente em alguns locais, como shows e festivais, que atraem uma multidão para atender uma demanda específica, o que seria inviável apenas com antenas fixas. Além disso, quando houver dúvida se o investigado estava num local X ou Y, é importante saber se cada um desses locais está dentro da área de cobertura de diferentes antenas, pois se forem locais muito próximos, a antena será a mesma e, consequentemente, a providência de solicitar dados será inócua.

As respostas das operadoras de telefonia são enviadas por meio de relatórios nos quais aparecerão os números dos códigos das antenas, IMEI do número chamado e do chamador, além de latitude e longitude e azimute da torre que captou o sinal emitido pelo aparelho celular. Logo, embora as técnicas de geolocalização, mediante triangulação, sejam cada dia mais precisas, não necessariamente se terá o local exato em que uma pessoa se encontra, mas sim os dados de endereço da torre utilizada pela pessoa quando foi utilizado o serviço, seja ele uma chamada de voz ou de registro de conexões.

No caso dos registros de conexões, é importante destacar que esses dados não são fornecidos simultaneamente, no momento em que a conexão está acontecendo, o que somente seria permitido em processos penais, mediante autorização judicial, conforme artigo 5º, XII, da Constituição Federal e artigo 13-B do Código de Processo Penal. Nesta hipótese, os dados já foram transmitidos e a conexão foi encerrada. Assim, os dados estão armazenados e a conexão foi registrada no horário do seu término, no caso da operadora *Vivo*, e, até agosto de 2021, com relação à operadora TIM. Após esta data, será registrado o horário do início da conexão, que também é o que ocorre com as operadoras *Oi* e *Claro*.

Outro aspecto importante é que para a obtenção de dados de geolocalização por meio das antenas das operadoras de telefonia, é o aparelho celular quem comunica à estação rádio base onde ele está, por meio dos sinais que emite. Logo, se o aparelho celular estiver desligado ou se o usuário se conectar a uma rede *wi-fi* não haverá mais essa comunicação.

O formato dos relatórios enviados pelas operadoras, ao atender à solicitação judicial, varia muito de uma operadora para a outra, mas geralmente aparecem em uma planilha de *Excel* formada por muitas colunas e de difícil compreensão. Portanto, não basta que o magistrado dê vistas às partes, pois dificilmente conseguirão interpretar os dados.

Neste caso, depois de obtidas as informações referentes ao histórico de chamadas ou de conexões, será necessário utilizar uma das ferramentas disponíveis para a leitura de dados de geolocalização, muitas delas com recurso consistente em mapas amigáveis que facilitam a visualização dos pontos de interesse para o processo. O mapa mostrará visualmente o local do fato controvertido e o local em que a antena de telefonia captou o sinal do aparelho celular, para verificar se são coincidentes.

O *site* da Polícia Civil de Santa Catarina permite que os dados de latitude, longitude, azimute e raio sejam inseridos dentro de uma interface igual ao *Google Maps*. No canto superior esquerdo, há a opção de "adicionar" e, em seguida, é possível atribuir um nome para cada antena, conforme os pontos de interesse e o mapa exibirá a antena que captou o sinal, com representação visual do local com uma área destacada, observando-se a direção em que o dispositivo se encontrava. Ao clicar em cima de cada antena aparecerá a data e horário em que a conexão foi registrada.

Há diversas ferramentas que fazem a leitura de dados de geolocalização fornecidos por operadoras de telefonia ou extraídos do histórico de localização da conta *Google* do usuário. Algumas delas serão apresentadas no capítulo seguinte. Chama a atenção, no entanto, a iniciativa da Seção de Provas Digitais, do Tribunal Regional do Trabalho de Santa Catarina, a qual criou a ferramenta *Veritas* que faz a leitura de dados de geolocalização obtidos tanto das operadoras de telefonia quanto do histórico de localização da conta *Google*.

Entre as várias funcionalidades do *Veritas*, destaca-se a opção de inserir filtros para que sejam exibidos no processo apenas dados referentes exatamente aos períodos controvertidos, mediante seleção de dias da semana, dias específicos, horários e locais de interesse. Isso reflete a preocupação do Poder Judiciário com a preservação da privacidade do investigado.

Nesse sentido, o fornecimento dessas informações pelas operadoras de telefonia é tema bastante controvertido, em razão do conflito que pode surgir entre o direito à privacidade e o direito constitucional à prova. Em especial, porque há uma variedade de situações que podem justificar a medida, as quais devem ser analisadas pormenorizadamente, inexistindo uma regra geral que se encaixe para toda e qualquer situação.

No caso do tráfico de pessoas, por exemplo, a Lei n. 13.344/16 acrescentou no Código de Processo Penal Brasileiro o artigo 13-B, que autoriza o membro do Ministério Público ou o delegado de polícia a requisitar às empresas prestadoras de serviço de telecomunicações e/ou telemática que disponibilizem imediatamente os meios técnicos adequados — como sinais, informações e outros — que permitam a localização da vítima ou dos suspeitos do delito em curso. No parágrafo primeiro, consta que o sinal significa o posicionamento da estação de cobertura, setorização e intensidade de radiofrequência. A requisição depende de autorização judicial.

No processo civil e trabalhista, não há previsão legal que autorize medida semelhante, mas ela tem sido admitida, conforme se verá no capítulo seis. No entanto, o que se pretende demonstrar aqui é como tais dados podem ser obtidos e transformados em meio de prova, relegando para o momento oportuno as discussões sobre a licitude e limites que circundam essa nova modalidade probatória.

2.3.3 Dados em dispositivos apreendidos

Uma outra possibilidade de obtenção de dados é extraí-los de dispositivos que foram apreendidos pelas autoridades judiciais ou investigativas, tais como aparelhos celulares, notebooks, computadores, *pen drive*, impressora e outros. Embora seja mais comum a discussão dessa forma de obtenção de dados nos processos criminais, quando um desses equipamentos compõe a cena do crime, também é possível, ainda que com menor frequência, que a questão seja suscitada em processos administrativos, trabalhistas ou cíveis.

Exemplo disso se dá quando a questão em discussão se refere ao conteúdo de um e-mail armazenado num computador ou notebook ou na hipótese de a informação estar contida num aparelho celular no qual se encontram as mensagens de *WhatsApp* guardadas no aparelho. O acesso aos registros das visitas e preferências dos internautas durante a navegação da internet (famosos "*cookies*") ou a dados e programas instalados nos computadores das pessoas, empresas ou organismos públicos (Aboso, 2023) também são hipóteses que podem provocar discussões sobre a licitude no momento da obtenção de dados.

Em 2012, a segunda turma do Supremo Tribunal Federal[31], rejeitou a tese de ilicitude da prova produzida durante o inquérito policial em que os policiais

(31) Habeas Corpus n. 91.867 — Pará, Rel. Min. Gilmar Mendes. DJe: 24.04.2012.

analisaram os últimos registros telefônicos de dois aparelhos celulares apreendidos após a prisão em flagrante. Tratava-se de um homicídio e a decisão da lavra do ministro Gilmar Mendes foi no sentido de que ao analisar a agenda eletrônica dos celulares apreendidos, a polícia nada mais fez do que cumprir o seu mister ao buscar elementos que esclarecessem a autoria e materialidade do delito. Inclusive, encontraram ligações entre o executor do crime e o paciente naquele *habeas corpus*. Segundo o relator, não se confundem os registros telefônicos com as comunicações telefônicas, sendo que o artigo 5º, XII, protegeria apenas estas e não os dados enquanto registro, depósito registral.

Posteriormente, no entanto, a sexta turma do Superior Tribunal de Justiça se posicionou[32] no sentido de que é necessária a autorização judicial como condição para acesso aos dados contidos nos aparelhos celulares apreendidos pela autoridade policial. No mesmo sentido foi o posicionamento do Ministro Ribeiro Dantas, ao julgar um recurso ordinário em *habeas corpus*[33], quando declarou nulas as provas obtidas pela polícia no aparelho celular do acusado, sem autorização judicial, fazendo o *distinguishing* em relação à decisão acima da segunda turma do STF. No caso, a obtenção de mensagens de texto via *WhatsApp* foi equiparada àquelas mantidas por e-mail, cujo acesso requer autorização judicial.

Nos dois casos acima citados, a polícia apreendeu o celular no local do crime, com base no artigo 6º do Código de Processo Penal. No entanto, há julgados posteriores do STJ em que também foi feito o *distinguishing* para dispensar a autorização judicial prévia ao acesso ao conteúdo do aparelho celular apreendido. Por exemplo, quando o aparelho celular pertencer a uma vítima falecida[34], quando houver situação excepcional que justifique o acesso imediato, como, por exemplo, se a polícia encontrar os aparelhos celulares em um cativeiro recém-abandonado, no caso de uma extorsão mediante sequestro[35], quando a materialidade do crime for incorporada no próprio aparelho celular, por exemplo no caso de transmissão de uma fotografia íntima de uma adolescente por meio desse dispositivo[36], quando houver autorização do proprietário[37], quando o celular for encontrado próximo ao local do flagrante, mas o suspeito negar que lhe pertença[38], quando

(32) RHC 51.531/RO, Rel. Ministro Nefi Cordeiro, Sexta Turma, julgado em 19/04/2016, DJe 9/05/2016.

(33) Recurso Ordinário em Habeas Corpus n. 75.055 — df (2016/0219888-7), DJe: 27/03/2017.

(34) STJ, 6ª Turma, HC 511.484/RS. Rel. Min. Sebastião Reis Junior. J. 15.08.2019, DJe 19.08.2019.

(35) STJ, 6ª Turma, HC 76.324/DF. Rel. Maria Thereza de Assis Moura. J. 14.02.2017, DJe 22.02.2017.

(36) STJ, 6ª Turma, HC 108.262/MS. Rel. Antônio Saldanha Palheiro. J. 05.09.2019, DJe 09.12.2017.

(37) STJ, 5ª Turma, AgRg no RHC 154.529/RJ. Rel. Reynaldo Soares da Fonseca. J. 19.10.2021, DJe 25.10.2021.

(38) STJ, 5ª Turma, AgRg no AResp 1.573.424/SP. Rel. Reynaldo Soares da Fonseca. J. 08.09.2020, DJe 15.09.2020.

o acesso se limitar à agenda e aos registros telefônicos do celular apreendido[39], quando os dados forem obtidos no chip telefônico abandonado pelo acusado em via pública[40], quando o celular for apreendido em cumprimento ao mandado de busca domiciliar[41], quando o celular for apreendido dentro do estabelecimento prisional[42] ou quando o acesso às mensagens de um grupo *WhatsApp* for fornecido por um de seus integrantes[43] (Lima, 2024).

Diante das controvérsias sobre a necessidade ou não de autorização judicial prévia como requisito de licitude da prova consistente na obtenção de dados no aparelho celular apreendido, foi reconhecida Repercussão Geral (Tema 977) no ARE-Agravo em Recurso Extraordinário n. 1.042.075/RJ, cujo julgamento foi suspenso no dia 13 de setembro de 2024, com pedido de vistas do Ministro Cristiano Zanin.

No caso, não se trata de um aparelho celular apreendido, mas sim de situação em que ao se evadir do local do crime, o acusado o deixou cair e a vítima o entregou à polícia. O relator, Ministro Dias Toffoli, inicialmente concordou com a manifestação da Procuradoria Geral da República no sentido de que a autoridade policial poderia acessar os registros telefônicos, agenda e outros dados sem autorização judicial, pois inexistiria violação ao sigilo de comunicações ou à privacidade do acusado (Castro, 2024).

No entanto, segundo Castro (2024), depois da divergência apresentada pelo Min. Gilmar Mendes, o relator defendeu a superação da distinção entre proteção aos dados em trânsito e não proteção para dados armazenados e alterou seu voto para acompanhá-lo e propôs a seguinte tese:

> O acesso a registro telefônico, agenda de contatos e demais dados contidos em aparelhos celulares apreendidos no local do crime atribuído ao acusado depende de prévia decisão judicial que justifique, com base em elementos concretos, a necessidade e a adequação da medida e delimite sua abrangência à luz dos direitos fundamentais à intimidade, à privacidade, ao sigilo das comunicações e à proteção

(39) STJ, 5ª Turma, REsp 1.782.386/RJ, Rel. Min. Joel Ilan Paciornik, j. 15.12.2020, DJe 18.12.2020; STJ, 5ª Turma, AgRg no REsp 1.853.702/RS, Rel. Min. Reynaldo Soares da Fonseca, j. 23.06.2020, DJe 30.06.2020.

(40) STJ, 5ª Turma, HC 720.605/PR, Rel. Min. Ribeiro Dantas 09.08.2022.

(41) STJ, 5ª Turma, HC 646.771/PR, Rel. Min. João Otávio de Noronha, j. 10.08.2021, DJe 13.08.2021; STJ, 5ª Turma, RHC 77.232/SC, Rel. Min. Felix Fischer, j. 03.10.2017, DJe 16.10.2017.

(42) STJ, 6ª Turma, AgRg no HC 661.489/MG, Rel. Min. Antônio Salda- nha Palheiro, j. 29.03.2022, DJe 04.04.2022; STJ, 6ª Turma, HC 546.830/PR, Rel. Min. Laurita Vaz, j. 09.03.2021, DJe 22.03.2021.

(43) STJ, 5ª Turma, AgRg no AREsp 1.910.871/RS, Rel. Min. Reynaldo Soares da Fonseca, j. 19.10.2021, DJe 25.10.202 1.001

dos dados pessoais, inclusive nos meios digitais (CF, artigo 5º, incisos X, XII e LXXIX)

Os exemplos acima revelam preocupação pertinente com a devassa de conteúdo de dispositivos apreendidos, que podem violar não só a privacidade e intimidade do indivíduo, como também o segredo de comunicações, todos protegidos constitucionalmente. Porém, apesar disso, é imprescindível considerar que há determinadas situações em que a solicitação de autorização judicial prévia inviabilizará o resultado da diligência policial, levando à perda do objeto do ilícito em razão da demora.

No caso que deu ensejo ao Tema 977 de Repercussão Geral, por exemplo, trata-se de crime grave, apenado com reclusão, cometido com emprego de arma de fogo e violência real, consistente em empurrão e batidas da cabeça da vítima contra o chão, para, em seguida, subtrair-lhe a bolsa, com o valor de R$ 5.550,00. A vítima era uma mulher que saía do banco e quando o acusado subiu na moto do comparsa para fugir deixou cair o aparelho celular, sendo que o acesso imediato dos policiais às fotos que estavam na memória do aparelho permitiram a identificação e prisão do acusado.

Não parece razoável, portanto, que num crime grave como este, faça sentido numa ponderação entre princípios, priorizar a privacidade do acusado em detrimento da integridade física da vítima, cujas agressões injustamente sofridas têm o potencial de causar lesões irreversíveis. Qual seria o potencial dano ao acusado, se comparado ao dano suportado pela vítima? A resposta será dada pelo Supremo Tribunal Federal.

De todo modo, para o estudo da geolocalização, objeto deste livro, os dados referentes a histórico de conexões, registros de IP de acesso a aplicativos ou outras técnicas que pudessem revelar a geolocalização do proprietário do celular, dependem de autorização judicial, conforme artigo 22 da Lei n. 12.965 de 2014. Elas não revelam de imediato a posição geográfica, demandando a complementação da prova, mediante leitura dos dados.

Além disso, enquadram-se no conceito de registros de conexão (art. 10-A, §1º, I, da Lei n. 12.850/2013, incluído pela Lei n. 13.964/2019) ou de acesso às aplicações, definido no artigo 5º, VIII, da Lei n. 12.965 de 2014, para os quais, diferentemente dos dados cadastrais, é necessária a autorização judicial prévia.

No entanto, é possível imaginar que, no momento da fuga, outro membro de uma organização criminosa compartilhe com o proprietário do celular que será apreendido ou perdido a sua localização em tempo real. Neste caso, por óbvio, também parece que, a depender do crime cometido e da iminência do dano que pode advir da inércia policial, poderão existir hipóteses que, pela urgência, possibilitam o acesso aos dados sem autorização prévia.

Também há situações que podem causar entendimentos jurisprudenciais divergentes, como o fato de no aparelho existir outros aplicativos como de redes sociais (como *Facebook*, *Twitter* ou *Foursquare*) ou de navegação (como *Waze* ou *Google Maps*) ou para outros fins (como *Uber*, *Rappi*, *Ifood*), os quais podem disponibilizar não só informações de localização com base em "*check-in*" realizado pelo usuário, mas também o histórico recente de localizações que identificam seus lugares frequentes.

Todas essas funcionalidades, somadas àquelas que estão por vir, requerem uma atualização do ordenamento jurídico, além de um letramento digital que capacite membros da polícia, do Ministério Público e do Poder Judiciário para lidar com novos recursos tecnológicos que desafiam os conceitos tradicionais de privacidade e liberdade.

2.4 MEIOS PROCESSUAIS DE OBTENÇÃO DA PROVA DIGITAL

Depois de identificada a fonte de onde a prova digital pode ser obtida (em posse da parte, de terceiros ou em um dispositivo ou processo de comunicação) será necessário adotar as medidas processuais adequadas para inserir as provas nos autos. Para tanto, o ordenamento jurídico brasileiro conta com várias leis específicas, a saber: a Lei n. 8.069/90, a Lei n. 9.296/96, a Lei n. 12.850/2013 e a Lei n. 12.965/2014. Além disso, a Convenção de Budapeste, ratificada pelo Brasil por meio do Decreto n. 11.491, de 12 de abril de 2023, também dispõe sobre os meios de obtenção de dados informáticos nos artigos 15 a 21.

De acordo com os artigos 13 e 15 da Lei n. 12.965/2014, os provedores têm a obrigação de manter os dados armazenados pelo período mínimo de um ano, se forem dados de conexão e por, pelo menos seis meses, se forem dados referentes aos acessos a *sites*, redes sociais, *blogs* e outras aplicações. Portanto, é possível que no transcorrer de um processo judicial esses lapsos temporais tenham sido ultrapassados e o responsável pela guarda não os tenha mais.

Para evitar a perda desses dados, a medida adequada é a solicitação da guarda de registros de conexão e guarda dos registros de acesso, nos termos dos artigos 13 e 15 da Lei n. 12.965/14 e, também, no artigo 16 da Convenção de Budapeste. Nesta, sob a denominação de conservação expedita de dados informáticos armazenados. O objetivo da medida é fazer com que os provedores guardem ou armazenem os dados por período superior ao previsto em lei. No caso da Convenção de Budapeste, o artigo 16.1 contempla inclusive a preservação de dados de tráfego.

É importante notar que geralmente as empresas armazenam esses dados por tempo superior àquele previsto no Marco Civil da Internet. De todo modo, para que os dados que estão em poder de terceiros sejam inseridos nos processos, será necessária uma determinação judicial de que eles sejam disponibilizados mediante cópia ou por meio de acesso direto feito pela autoridade requisitante. Neste caso, a solicitação deverá ser feita com base no art. 10 da Lei n. 12.965/2014, que exige que haja determinação judicial e que sejam preservadas a intimidade, da vida privada, da honra e da imagem das partes direta ou indiretamente envolvidas.

No mesmo sentido, é o art. 18 da Convenção de Budapeste, que autoriza os países signatários a adotarem as medidas legislativas e outras providências necessárias para dar poderes a autoridades competentes para ordenar: a) qualquer pessoa residente em seu território a entregar dados de computador especificados, por ela controlados ou detidos, que estejam armazenados num sistema de computador ou em qualquer meio de armazenamento de dados de computador; b) a qualquer provedor de serviço, que atue no seu território, a entregar informações cadastrais de assinantes de tais serviços, que estejam sob a detenção ou controle do provedor.

A infiltração virtual ocorre quando um policial assume uma identidade falsa, apresentando-se como se fosse um membro de uma organização criminosa, com o objetivo de se integrar ao grupo e coletar informações privilegiadas sobre os crimes cometidos pela organização. A medida está prevista no artigo 190-A do Estatuto da Criança e do Adolescente, tendo sido incluída por meio da Lei n. 13.441/2017, com o objetivo de autorizar esse tipo de infiltração de agentes de polícia nas investigações de Crimes contra a Dignidade Sexual de Criança e de Adolescente. Ela deve ter duração limitada e, também, pode ser utilizada no caso de investigação de crimes previstos na Lei n. 12.850/2013.

A busca e apreensão de dados informáticos está prevista no art. 19 da Convenção de Budapeste, que prevê a adoção de medidas legislativas e outras providências necessárias para dar poderes a suas autoridades competentes para, em seu território, realizar a busca ou investigação: a) de qualquer sistema de computador ou de parte dele e dos dados nele armazenados; e b) de qualquer meio de armazenamento de dados de computador no qual possam estar armazenados os dados procurados em seu território.

A não observância do procedimento formal previsto em lei para a produção da prova a tornará uma prova ilícita e como tal poderá contaminar toda a prova, em razão da aplicação da Teoria dos Frutos da Árvore Envenenada, acolhida pelo Supremo Tribunal Federal. Essa teoria "é uma consequência lógica da aplicação do princípio da inadmissibilidade das provas ilícitas" (Pacelli, 2020). A depender do caso, haverá, ainda a ilicitude de outras provas, por derivação. No caso dos processos cíveis e trabalhistas será aplicada a teoria geral das nulidades, com as especificidades de cada área.

A obtenção de provas obtidas por meio de interceptação telemática, sem autorização judicial, ou por meio de invasão de um dispositivo informático, por exemplo, levará à invalidade da prova. A Lei n. 12.737/2012, conhecida como Lei Carolina Dieckmann, inseriu o art. 154-A no Código Penal, para tipificar o crime de invasão de dispositivo informático.

O Código de Processo Penal trata da busca e apreensão nos artigos 240 a 250, e apesar de esse diploma legal ter passado por alterações, o Capítulo X que regula a busca e apreensão como "medida acautelatória", nunca sofreu nenhuma modificação, o que torna o instituto uma categoria jurídica insuficiente para regular os direitos fundamentais e suas garantias (Gloeckner e Eilberg, 2019).

A regulamentação da busca, no Código de Processo Penal atual, foca especialmente em objetos materiais (como a busca pessoal e em locais específicos). No entanto, com o avanço tecnológico, surge a necessidade de incluir novas formas de obtenção de provas como tipos de busca. Essas modalidades incluem: a) busca genética; b) busca de dados eletrônicos; c) busca de objetos (como atualmente nas buscas pessoais e em locais previstas no código); d) busca de metadados (como números de telefone, uso de cartões de crédito, envio e destinatários de mensagens, entre outros); e) busca para localização por GPS (Gloeckner e Eilberg, 2019).

Esse descompasso existente entre a legislação vigente e o cenário atual, em que os dados se tornaram fonte inesgotável de informação e de valor econômico, faz com que haja diferentes interpretações jurisprudenciais sobre requisitos, hipóteses e procedimentos a serem observados quando se trata de busca e/ou apreensão de dados informáticos. Essas decisões judiciais serão exploradas no capítulo 6.

3 Leitura dos dados de geolocalização

Os dados enviados pelas operadoras, em resposta às ordens judiciais, frequentemente chegam em formatos pouco intuitivos e de difícil interpretação. Desse modo, a concessão de vistas às partes é insuficiente, uma vez que a análise dos dados se mostra complexa. Torna-se, portanto, indispensável o uso de ferramentas especializadas para a leitura dessas informações, as quais oferecem recursos visuais avançados e mapas interativos, que facilitam a identificação dos pontos de interesse relevantes ao processo.

A Polícia Civil de Florianópolis possui um *site* (https://servicos.pc.sc.gov.br/antena/?t=e&d=) que gera um mapa com excelente formato visual de cada antena pela qual o investigado passou durante uma conexão ou chamada de voz. De posse dos dados de latitude, longitude e azimute, é possível inserir cada uma das antenas no mapa, com a mesma interface que estamos acostumados no *Google Maps*. Assim, aparecerá cada torre ou ponto de endereço próximo para mostrar, com recursos visuais, os locais de interesse e comparar com os lugares específicos por onde o alvo da investigação transitou.

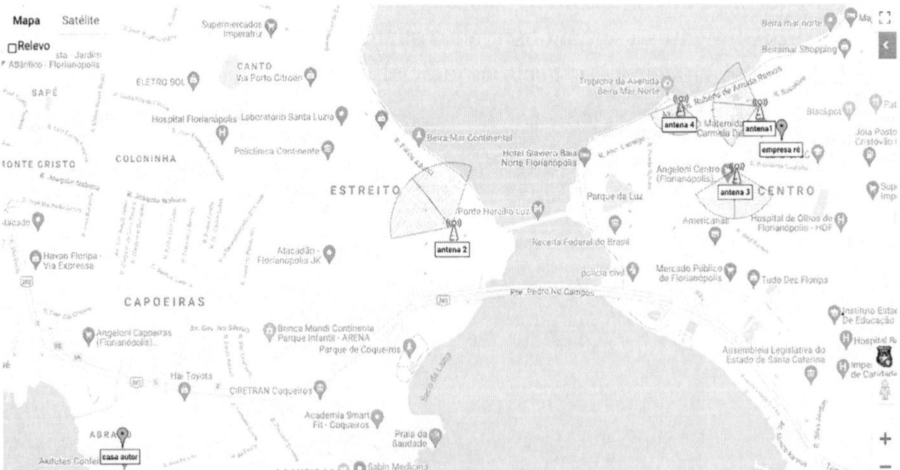

Esse procedimento é realizado de maneira manual, mediante inserção de coordenadas geográficas de cada uma das antenas nos dias e horários de interesse específico. Estes dados são encaminhados pela operadora de telefonia após a ordem judicial específica de quebra de sigilo.

No entanto, existem outras ferramentas de manuseio muito mais fácil, pois fazem a leitura desses dados (obtidos das operadoras de telefonia ou pelo histórico de localização da conta *Google*) de forma automática, cabendo ao interessado tão somente inserir os arquivos obtidos diretamente na plataforma. Além dos mapas interativos com recursos visuais que clarificam a informação desejada, tais ferramentas auxiliam na confecção de relatórios, que podem ser utilizados em sindicâncias, investigações, auditorias e laudos periciais.

Diversas ferramentas possibilitam a leitura de dados de geolocalização, como por exemplo *Veritas*, *Pandora*, *Google Earth* (*KML — Timeline*), *History Visualizer*, *Mymaps*. Abaixo, veremos de forma sintetizada as funcionalidades de cada uma delas, dando ênfase à ferramenta *Veritas*, desenvolvida pelo Tribunal Regional do Trabalho da 12ª Região.

3.1 *GOOGLE EARTH*

Ao abrir a página do *Google*[44] e buscar informações sobre o *Google Earth* aparecerá a frase: "O globo terrestre mais detalhado do mundo". Ele é um aplicativo de mapas tridimensional e que pode ser acessado tanto pelo *desktop*, quanto pelo aparelho celular *Android* ou *iPhone*, além de existir a versão "*Google Earth Pro*", que também é gratuita.

As imagens que compõem o mapa são captadas por satélite e há a interação com o *Google Maps* e o *Street View* (que permite percorrer ruas), de modo que ainda que não retratem o local em tempo real, dão uma visão bem realista do local explorado ou investigado[45].

O *Google Earth* possui várias funcionalidades que podem ser experimentadas para o uso pessoal ou profissional. A principal delas é a simples procura por qualquer lugar do mundo, como cidades, bairros, parques, avenidas ou pontos turísticos, os quais podem ser encontrados com um clique no botão de pesquisa que é disponibilizado. Uma opção interessante, disponível apenas para quem tem o aplicativo instalado no celular e autorizou o acesso à localização pelo *Google*

(44) O endereço está disponível em: https://www.google.com/intl/pt-BR/earth/about/. Acesso em 20 out. 2024.

(45) Informações retiradas do *site* Techtudo. Disponível em: https://www.techtudo.com.br/tudo-sobre/google-earth/. Acesso em 20 out. 2024.

Earth, é ver o seu local e, além da sua posição no globo terrestre, descobrir pontos de interesse ao seu redor, como lojas, bares e restaurantes (Syozi, 2021).

No canto superior esquerdo, ao lado do botão de pesquisas, há, ainda, outros quatro símbolos, com opções interessantes para explorar a ferramenta, como "adicionar marcador de local", "adicionar caminho ou polígono", "medir distância e área" e um botão novo, assim descrito: "use as imagens históricas e o *Timelapse* para ver como o globo mudou com o tempo". Ao clicar nesta opção, é possível visualizar as imagens históricas estáticas ou, um vídeo em 3D, e há uma régua temporal que pode ser percorrida, conforme o período desejado, desde 1984 até os dias atuais. Ela também traz informação dos metadados temporais da imagem. E sempre há a data em que a foto foi tirada.

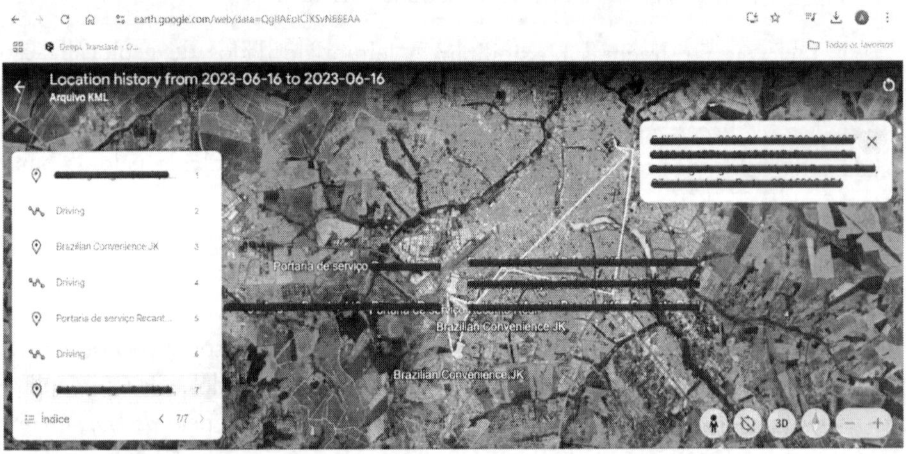

O *Google Earth* ganhou tanta importância, que várias pesquisas são conduzidas mediante monitoramento das imagens que constam na plataforma e que vão se alterando ao longo do tempo, especialmente na área ambiental. Exemplo disso foram as pesquisas realizadas com utilização do *Google Earth Pro*, em 2014, por pesquisadores da Universidade de *Maryland*, para mapear o desmatamento na Amazônia brasileira, em 2016, pelos pesquisadores da Universidade de Michigan para estudar Estudo da urbanização em Xangai e, em 2018, para estudar a perda de gelo na Antártica, cujo estudo foi conduzido por pesquisadores da Universidade de *Leeds*, no Reino Unido (Geo Sem Fronteiras, 2023).

As opções de medição que a ferramenta disponibiliza na versão "Pro" calculam a distância entre dois pontos, as áreas e volumes e a elevação de uma área específica, ou seja, o seu georreferenciamento. Essas informações podem ser úteis para análise topográfica e há ainda uma camada de temperatura global que mostra as temperaturas médias ao longo do tempo em cada local de interesse, o que pode servir para estudos sobre mudanças do nível do mar e mudanças climáticas (Geo Sem Fronteiras, 2023).

Além disso, no caso da geolocalização de dispositivos e pessoas, que é o que interessa para esse trabalho, outra funcionalidade importante da ferramenta é a possibilidade de importar um arquivo em formato KML, extraído da linha do tempo do *Google Maps*, para visualizar o local num mapa de imagens, que retrata de forma bem realista o local de interesse por meio de um mapa com a imagem fotográfica.

Assim, em situações em que o ponto controvertido do processo depende da demonstração da localização do interessado num dia pontual, essa ferramenta pode ser muito útil para gerar um documento em formato de imagem que retrata que a pessoa esteve em determinado local. Deve ser destacado que essa prova não será satisfativa e sua valoração observará a conduta das partes, a seriedade das alegações, a existência de impugnação específica e os outros elementos de prova.

3.2 GEOPROCESSING ONLINE

O *Geoprocessing Online* é uma ferramenta paga que serve para fazer a leitura de dados, de geolocalização extraídos do histórico de localização da conta *Google*, o qual registra todos os locais visitados pelo usuário, desde que a funcionalidade de localização esteja habilitada. Para que seja feita a leitura desses dados, pela ferramenta *Geoprocessing Online*, será necessário inicialmente extrai-los da conta *Google*, e, em seguida, inserir os arquivos recebidos na ferramenta, que gerará, automaticamente, um mapa interativo, com visualização de cada local frequentado pelo interessado.

Como mencionado supra, existem duas maneiras de obter os dados que compõem o histórico de localização da conta *Google*. Uma delas é por meio da linha do tempo, no *Google Maps*, e a outra é por meio do *site Google Takeout*. A principal diferença entre ambas é que, na primeira, é possível exportar apenas um dia pontual, enquanto, na segunda, é possível obter os dados de todo o período.

Quando o mapa é exibido, na parte superior, há a opção "pontos de interesse", que permite inserir os locais, com a possibilidade de demonstrar o tempo de permanência em cada um. Dessa forma, a própria parte pode levar para o processo dados de latitude, longitude e horário, que reforcem as suas alegações, sem a necessidade de ordem judicial para tanto. E o aspecto mais relevante é que a exibição dos locais de interesse por meio de mapas tornará mais fácil a compreensão dos fatos que se buscam demonstrar, uma vez que os recursos visuais têm o poder de apresentar os dados de forma mais clara.

Os dados serão captados, por meio da conexão inicial e final, e sim, podem ocorrer falhas, em razão de fatores externos como a existência de prédios ao redor, o que pode prejudicar o sinal. Entretanto, ainda que seja por exclusão e análise conjunta com outros elementos de prova, a ferramenta poderá corroborar a alegação de que o autor esteve ou passou por determinado local em certo período do dia.

Por isso, é tão importante se atentar para outras fontes probatórias simples, que podem ratificar a versão do interessado em fazer a prova. Comprovantes de compras, relatórios de vendas do vendedor, horário de *login* e *logout* no sistema, comprovantes de pedágio, registro de entrada e saída em prédios comerciais, histórico de corridas de aplicativo, de navegação do *Waze* ou até de pedido de comida pelo *Ifood*, por exemplo, podem ser valiosas informações quando analisadas juntamente com outras provas digitais.

É importante registrar que a linha do tempo da conta *Google* é passível de edição, mas também é possível exportar as suas configurações e fazer a exportação com as edições realizadas, as quais, ao serem detectadas, inutilizarão a prova produzida. Aliás, como se verá oportunamente, a ferramenta *Veritas* detecta até mesmo as datas em que arquivos foram removidos da conta *Google*, o que pode ser decisivo no momento de valoração da prova, em prejuízo à parte que realizou eventual alteração.

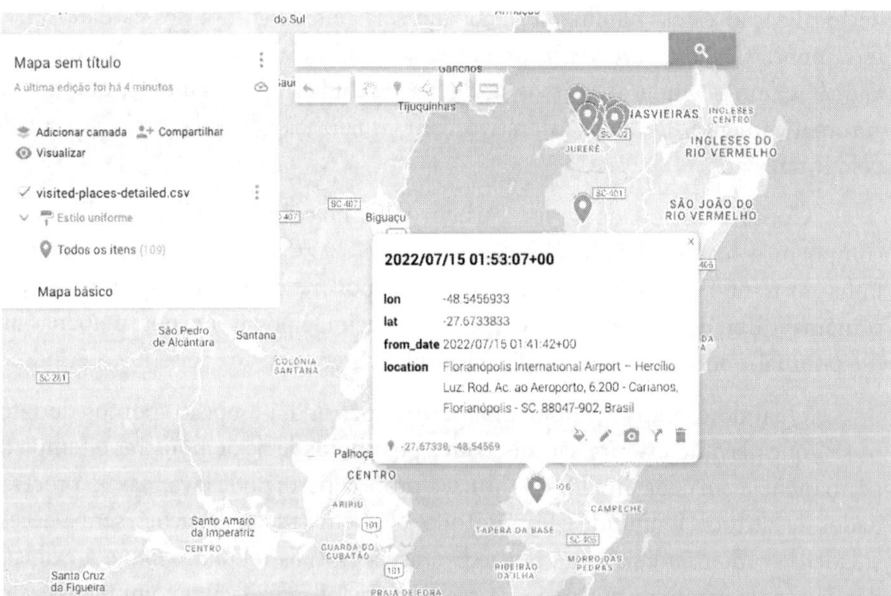

3.3 *HISTORY VISUALIZER*

Assim como a ferramenta descrita no item anterior gera um mapa para visualização, a partir dos dados extraídos do histórico de localização habilitado na conta *Google*, o *History Visualizer* também utiliza esses mesmos arquivos de dados, com a diferença que é gerado um mapa de calor.

Para gerar o mapa, será necessário acessar a conta *Google* e fazer o *download* do arquivo extraído ou do *Google Maps* (para dias específicos) ou do *Google Takeout*, para o período temporal todo. Na sequência, será necessário descompactá-lo e abrir a pasta "*Location History*". Após, basta arrastar esse arquivo para o *site* https://locationhistoryvisualizer.com/heatmap/ e começar a visualização do mapa interativo que será exibido.

Essa ferramenta serve somente para gerar o mapa de calor, sem maiores detalhes. Para obter informações mais detalhadas, que retratem cada minuto do histórico de localização é possível acessar a versão "Pro", que permite pesquisar os arredores de um ponto específico, por endereço, latitude, longitude ou nome do local. Essa opção também permite inserir filtros por pontos de precisão, pela distância percorrida, tempo de permanência, além de outras funcionalidades.

No mapa de calor, para apurar a presença da pessoa em determinado local, são utilizadas cores que indicam a frequência. Logo, quando a presença é mais intensa, a cor será mais avermelhada ou alaranjada, ao passo que se for de menor intensidade, as cores serão azuladas ou verdes.

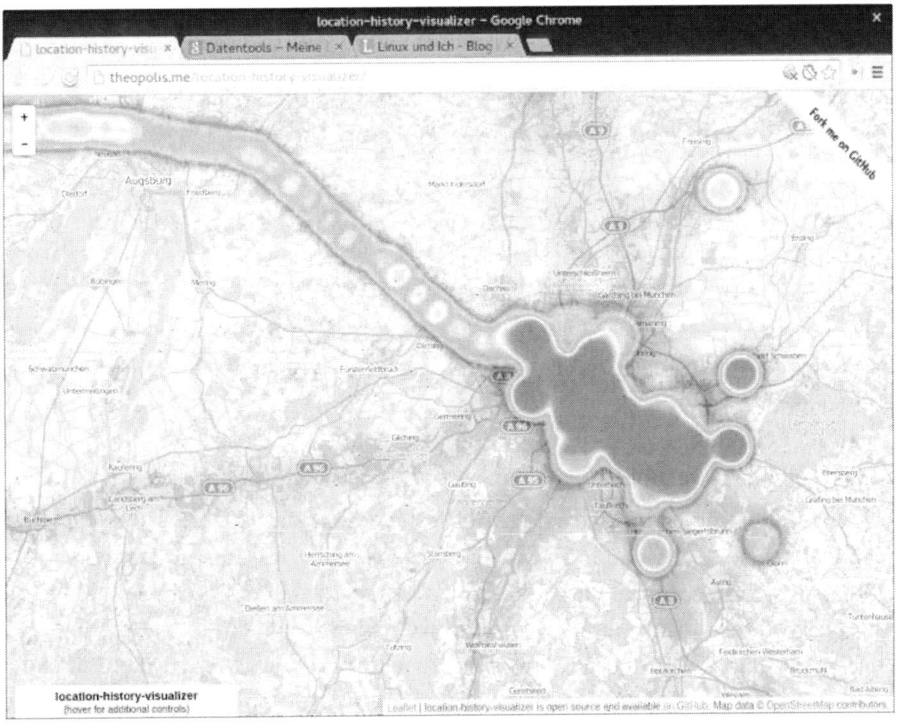

3.4 *PANDORA*

O *Pandora*, sistema integrado de apoio à investigação, é uma ferramenta que foi desenvolvida pelo Núcleo de Gestão do Conhecimento do Ministério Público da Paraíba (NGC/MPPB) e é destinada a auxiliar na investigação criminal e controle da gestão pública, por meio de um conjunto de ferramentas que utilizam tecnologia de informação. Logo, trata-se de uma fonte fechada de informações, cujo acesso é restrito aos membros do Ministério Público.

A ferramenta é utilizada pelo Ministério Público Estadual de diversos estados e, no caso do estado de São Paulo, foi customizada para atender às suas necessidades, tanto em processos cíveis como criminais, após um acordo de cooperação assinado com o MP/PB. O seu principal objetivo é obter, de forma integrada, dados de qualificação, endereço e contatos de pessoas físicas e jurídicas, utilizados pelas promotorias para encontrar réus, investigados, vítimas e testemunhas.

Uma das funcionalidades do sistema *Pandora* diz respeito à leitura de dados de geolocalização, obtidos por meio de informações das operadoras de telefonia, que são registradas pelas estações rádio base. No entanto, trata-se de uma ferramenta de uso restrito do Ministério Público.

3.5 *VERITAS*

O *Veritas* é um sistema desenvolvido pela equipe da Seção de Provas Digitais do Tribunal Regional do Trabalho da 12ª Região, cujo objetivo é otimizar a leitura e visualização de dados, que revelam a geolocalização de um dispositivo, mediante a representação deles por mapas, além de gerar um relatório amigável (TRT 12). A ferramenta é de uso restrito para servidores e magistrados dos tribunais trabalhistas.

Esses dados brutos podem ser obtidos em duas fontes: pelos sinais que são captados pelas antenas das estações rádio base (ERB), quando um dispositivo faz chamadas ou inicia ou termina uma conexão na sua área de cobertura, ou pelo histórico de localização da conta *Google* do usuário.

No primeiro caso, os dados referentes à comunicação do aparelho celular com a antena são armazenados pela operadora de telefonia responsável pela linha telefônica daquele assinante. E será necessária a expedição de ofício pelo magistrado, solicitando o envio dos arquivos com os dados, como foi descrito no item 1.

Em relação ao histórico da conta *Google*, são duas fontes possíveis de obtenção dos registros: os dados podem constar na linha do tempo do *Google Maps* ou no painel de controle da conta *Google* do usuário. Eles podem ser solicitados, mediante determinação judicial à empresa *Google*, para que os forneçam ou podem ser apresentados, voluntariamente, pela parte interessada. Se a parte quiser exportar um único dia deverá utilizar a linha do tempo do *Google Maps*. Caso sejam necessários dados de período mais extenso, deverão ser extraídos os dados completos do histórico de localização, por meio da funcionalidade conhecida como *Google Takeout*.

A ferramenta nasceu a partir de dois projetos embrionários desenvolvidos dentro do então Núcleo de Provas Digitais, do Tribunal Regional do Trabalho da 12ª Região, sendo o primeiro realizado pelo servidor Crisnamurti Evaristo Silva do Vale, para leitura de dados de operadoras de telefonia, e o segundo elaborado pelo servidor Gustavo Nunes e Castro, com a finalidade de filtrar os dados contidos na conta *Google* do usuário (Miskulin *et al*, 2022).

A preocupação dos magistrados e servidores daquele Regional, quando do início desse projeto, se devia ao fato de não existir a possibilidade de exportar o histórico de localização pelo *Google Takeout*, restritos aos períodos e horários de localização que interessam ao processo. Neste caso, ao solicitar a exportação de dados de todo o período em que a localização estivesse habilitada, poderia ocorrer uma exposição excessiva, violando a privacidade do envolvido (Miskulin *et al*, 2022).

Assim, a ferramenta foi implementada para inserir filtros em relação aos endereços, períodos, dias da semana e horários desejados, expondo em Juízo tão somente os dados individualizados do aspecto controvertido. O *Veritas* unificou as duas funcionalidades e sobrepõe dados extraídos da *Google* (*Google Maps* ou histórico de localização) e dados das estações rádio base.

A ferramenta também tem uma aba com a expressão "outros dados", a qual mostra o e-mail do usuário, a data de ativação da conta *Google* no histórico de localização, a existência ou não de dados de localização, bem como a indicação de retenção de dados no histórico. O *Veritas* também capta nesse conjunto de arquivos, e quanto aos dispositivos utilizados, a data de vinculação do aparelho, o nome do aparelho, a habilitação do relatório e a plataforma (se é *Android* ou IOS).

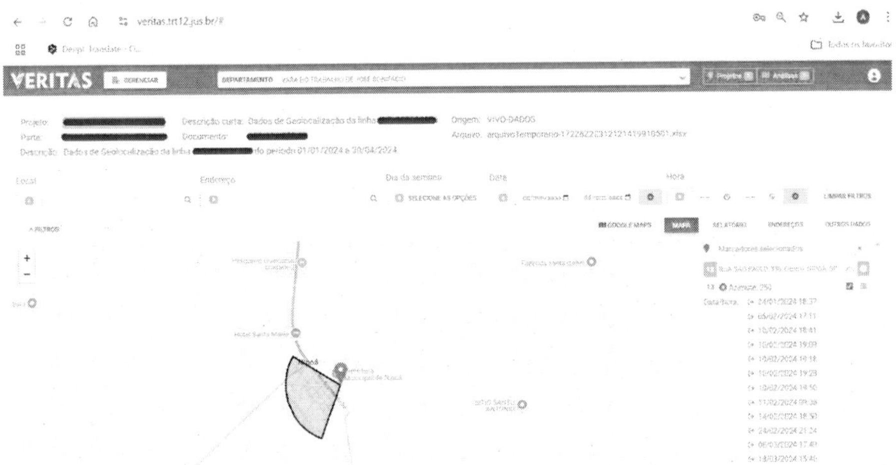

Uma outra informação relevante é que a ferramenta identifica quando o usuário deleta arquivos na tentativa de omitir dados, com a data da solicitação da remoção e o período que foi removido, o que poderá retirar a credibilidade da prova.

É importante lembrar que como o *Android* é um sistema operacional que pertence à *Google* e para configurar e utilizar o aparelho celular é necessário ter uma conta *Google*, todos os dados do usuário serão captados. No caso de a pessoa possuir outro sistema operacional, ainda assim será possível o registro desses dados quando for utilizado o navegador *Google Chrome* para acessar a internet, porque é exigida a anuência para tanto. Logo, se a pessoa tiver um *iPhone* e acessar o *Google Maps* ou o *Facebook* também haverá registro de seus dados.

Se o acesso à internet foi feito por outro navegador e não houver acesso à conta *Google*, não haverá a captação de dados por esta. Portanto, para que uma pessoa tenha informações sobre localização de um dispositivo, utilizando as duas opções da *Google* (*Maps* e *Takeout*), basta ser usuário *Android*, ter uma conta *Google* ou apenas acessar o navegador da *Google* para acessar a internet.

Desde maio de 2023, o Tribunal Regional do Trabalho da 12ª Região disponibilizou a ferramenta *Veritas* para que seja utilizada por todos os tribunais trabalhistas do Brasil. Inicialmente, apenas para obtenção de dados da conta *Google*, mas atualmente a ferramenta já pode ser utilizada em sua integralidade, inclusive, para leitura dos dados das operadoras de telefonia.

4 Ferramentas de Georreferenciamento

Além das ferramentas utilizadas para a leitura de dados de geolocalização, especialmente aqueles extraídos do histórico de localização da conta *Google* e das operadoras de telefonia, existem também outras que são utilizadas para visualizar um ponto específico no mapa, com recursos que podem ser muito interessantes para solucionar aspectos controvertidos nos processos, como de quem era a preferencial de uma determinada via, qual era o tamanho de um estabelecimento, se de um determinado local daria para testemunhar outro local e muitos outros, como se verá a seguir.

4.1 *STREET VIEW*

O *Street View* é uma ferramenta que apresenta o mapeamento de ruas por meio de fotografias. Tem por objetivo fornecer a representação visual dos arredores no *Google Maps*(46) por meio de visualização panorâmica dos locais em 360º na horizontal e 290º na vertical (Soares, 2011). O serviço foi criado pela empresa *Google*, em 2007, e permite que o usuário não só veja o local desejado, geralmente um trecho da rua, mas também que se mova por todas as direções, como se estivesse caminhando pelas vias, proporcionando uma experiência imersiva.

As imagens utilizadas para montar essa representação visual dos lugares são captadas tanto pela empresa quanto pelos que com ela colaboram, sendo possível para o usuário fazer o *upload* de imagens para a plataforma. No caso do conteúdo gerado pela empresa, ele é formado por imagens captadas por um carro que possui uma câmera instalada no teto. Existe ainda a possibilidade de as imagens serem captadas a pé ou com a utilização de moto, com um sistema de câmera portátil denominado Trekker, destinado a locais que não são acessíveis por meio de veículos(47).

---

(46) Segundo informações retiradas do *site* da *Google*. Disponível em: https://periodicos.uff.br/ciberlegenda/article/view/36880. Acesso em 18 out. 2024.

(47) Informações retiradas do *site* da *Google*. Disponível em: https://www.google.com/intl/pt-BR/streetview/how-it-works/. Acesso em 18 out. 2024.

Inclusive, ao acessar o *site*, é possível conferir a programação dos lugares mapeados pela empresa mensalmente. Essa atualização costuma ser feita anualmente e, a depender do local e, para casos de pontos turísticos ou centros urbanos, a cada semestre ou menos (Charleaux e Toledo, 2024).

É como se as fotografias fossem costuradas umas nas outras para montar as cenas que se pretende representar. As imagens corresponderão a um lugar específico identificado pelo GPS que as captou, além de coletar dados de redes *wi-fi* para registrar as coordenadas geográficas (Soares, 2011). Além da visão pelo *Street View*, também é possível dividir a tela para ver o mesmo local, utilizando mapa tradicional do *Google Maps*, simultaneamente.

No computador, após acessar o *Google Maps* e inserir o endereço desejado, basta clicar no bonequinho amarelo, no canto inferior direito da tela, arrastá-lo até o local desejado e depois soltá-lo, percorrendo a rua ou avenida selecionada. Há lugares que, inclusive, dão acesso à visão do seu interior, permitindo visualizar as suas características, como posição de portas, janelas, distância e outras. Essa opção de andar no interior dos imóveis pode ser muito útil para esclarecer pontos controvertidos e pode ser acessada ao vivo durante uma audiência, exibindo à imagem às partes e testemunhas, por exemplo.

Outra funcionalidade de grande valia para elucidar fatos controvertidos nos processos judiciais é a verificação do estado de determinada rua e fachada de seus prédios em datas antigas, mediante o acesso à opção clicável "Ver mais datas", disponível no canto superior esquerdo, logo abaixo do endereço. Ali, existe uma régua temporal que mostra imagens antigas do mesmo local, em diversas datas fixas. Dessa forma, é possível vê-lo como era antigamente. Um exemplo disso ocorreu na 7ª Vara do Trabalho de Florianópolis, em que o autor alegava que tinha trabalhado como zelador do prédio, em novembro de 2013, e as imagens registradas pelo *Street View* demonstraram que naquela época a obra de construção do local não estava nem em fase de acabamento, sendo impossível que já houvesse um zelador contratado naquele momento.

O fato das fotografias que constam no *Street View* serem captadas pela *Google*, por meio de um veículo em movimento, sem autorização ou conhecimento prévio das pessoas que ali transitam naquele exato momento, já gerou alguns problemas decorrentes da reprodução de imagens constrangedoras (Soares, 2011). Por outro lado, a ferramenta também já serviu para reforçar o entendimento de magistrados nas situações mais inusitadas que se possa imaginar.

Em 2015, por exemplo, o Juizado Especial Federal de Ribeirão Preto negou a concessão de benefício previdenciário à autora que alegava ter união estável com o falecido, porque, após algumas contradições nos documentos, a Advocacia Geral da União apresentou imagens disponibilizadas no *Street View*, que mostravam o falecido varrendo a residência de sua casa em outro endereço, que não aquele informado pela suposta convivente na petição inicial[(48)].

Em outra situação, envolvendo um acidente de trânsito, o magistrado utilizou as imagens disponibilizadas no *Street View* para constatar em qual rua havia o sinal de "PARE" e, com isso, considerando-se que, no depoimento da autora, ela havia reconhecido que "se aproximou do cruzamento, não avistou veículo e atravessou, colidindo com o veículo dos requeridos", o magistrado concluiu que a culpa do acidente foi causada pela própria autora, que avançou o sinal de "PARE" na via, cuja preferência era dos requeridos (Reis, 2024).

Os exemplos acima demonstram que as ferramentas de georreferenciamento ou outras disponíveis em fontes abertas, nem sempre serão satisfativas ou suficientes para comprovar um fato controvertido. Na maioria das vezes, elas servirão de reforço às demais provas produzidas nos autos, as quais serão conjuntamente analisadas pelo magistrado, em respeito ao princípio da unidade da prova.

4.2 *LIVING ATLAS*

Existe uma ferramenta denominada *WaybackMachine*, a qual foi lançada em 2001 pela, *Internet Archive*, que é uma organização sem fins lucrativos sediada em São Francisco, na Califórnia. Ela funciona como um arquivo ou biblioteca digital

(48) Conforme notícia disponibilizada pelo Conjur, referente ao processo n. 0011474-93.2016.4.03.6302. Disponível em: https://www.conjur.com.br/2017-set-26/imagem-google-street-view-aceita-prova-negar-pensao/. Acesso em 19 out. 2024.

na *web*, que armazena informações sobre um *site* que foi desativado, removido ou teve seu conteúdo alterado, o que pode ser constatado pelo histórico de sua atividade (Bielli e Ordoñez, 2021).

O *Living Atlas* é uma ferramenta muito semelhante ao *WaybackMachine*, mas serve para mostrar as diferentes versões de um mapa cujas imagens são extraídas por satélite e ficam disponíveis no *site World Imagery*, com uma régua temporal, existente desde 20 de fevereiro de 2014. É como se fosse uma máquina do tempo da internet, que permite consultar como era o mapa de um determinado local na data em que a imagem foi publicada[49].

Do lado esquerdo da página há uma coluna com a lista de datas que formam uma régua temporal de registros daquela localidade. Ao lado, no topo da página, há um espaço destinado à inserção do local desejado. Existem, também, símbolos de mais e menos que permitem aproximar ou afastar a imagem. Ao clicar duas vezes no mapa, a imagem vai se aproximando e também é possível mover o mapa clicando em cima e arrastando para a posição desejada.

(49) As informações foram obtidas por meio de consulta ao *site* do *Living Atlas*. Disponível em: https://livingatlas.arcgis.com/wayback. Acesso em 19 out. 2024.

Há, ainda, um menu com as opções de informações, configurações, possibilidade de exportar a imagem desejada, a qual pode ser dividida em diferentes quadrantes. Nesse local, há também um ícone chamado de "*Toggle Animate Mode*", cujo ícone é um triângulo na horizontal, semelhante aos símbolos de vídeos, que mostra o local com um pouco de movimento.

Essa possibilidade de visualizar um mapa em diferentes momentos históricos pode ser útil para comprovar como era o local antigamente, quais eram as suas características, assim como também pode servir para demonstrar situações pontuais, a exemplo do desmatamento de uma região.

4.3 *DUAL MAPS*

O *Dual Maps* é uma ferramenta gratuita, de livre acesso, que apresenta o mapa de um determinado local na mesma página, de três maneiras diferentes, as quais são exibidas simultaneamente na tela: pelo modo de visualização do *Google Maps*, pelo formato do *Street View* e, também, pela visão aérea das imagens de satélite, conhecida por "bird eye".

Vara do Trabalho de José Bonifácio-SP.

Dessa forma, é possível comparar as imagens e obter detalhes do local desejado e dos seus arredores. Cada vez que se movimenta o mapa em um dos três formatos exibidos, as outras duas janelas também se modificam para mostrar o mesmo local com as outras duas ferramentas.

É possível inserir o endereço desejado e também obter as coordenadas geográficas. O acesso é feito pelo *site* https://data.mashedworld.com/dualmaps/map.htm e não exige nenhum registro.

4.4 *WIKIMAPIA*

Como o próprio nome diz, a *Wikimapia* é uma ferramenta que combina o conceito de wiki com um mapa online. A palavra *wiki* na internet é utilizada para fazer referência às páginas web cujos conteúdos podem ser editados livremente por qualquer internauta. Basta acessar um navegador para efetuar uma alteração, inserção ou retirada de uma informação do *site*. Por isso, é considerado um projeto de construção colaborativa, a exemplo do que ocorre com o *Wikipedia*.

A ferramenta foi criada pelos russos Alexandre Koriakine e Evgeniy Saveliev, em 2006, e, em pouco menos de três meses, já contava com um milhão de locais (Freitas, 2013). Atualmente, ela é muito mais do que um mapa, pois traz informações como o nome do local, sua descrição, coordenadas geográficas, endereço e *link*. Há, ainda, a possibilidade de inserir fotos dos locais marcados, os quais são sempre delimitados por um polígono.

Segundo informações disponíveis na página inicial do *site*(50), a ferramenta pretende "descrever o mundo inteiro", de forma simples e interessante, como se fosse uma informação prestada por um morador da região. A ideia é inserir etiquetas dos lugares, com o maior número de informações possíveis sobre eles, com acesso gratuito a todos esses dados para domínio público. Inclusive, o mapa pode ser inserido em outros *sites*, *blogs* e redes sociais.

Para pesquisar locais no mapa, é possível que sejam buscados visualmente, clicando no mapa e aumentando a imagem para aproximar a visualização do local ou por meio da barra de ferramentas, na qual basta inserir o nome do lugar de interesse. A visualização pode ser feita no mapa original ou em outros como *Google Maps* ou *Bing Map*. Também é possível extrair a informação das coordenadas geográficas do local e inserir no *Google Earth*.

(50) Informações disponíveis em: https://wikimapia.org/about/. Acesso em 18 out. 2024.

Um aspecto muito interessante da ferramenta é que os títulos dos locais existentes no mapa não correspondem aos nomes oficiais que constam nos órgãos competentes, mas sim à nomenclatura popular utilizada pelas pessoas de cada localidade. Essa identificação do local por expressões populares como "curva da galinha" (em São José do Rio Preto-SP) ou Rua da Lama (em Vitória-ES), por exemplo, podem ser de grande valia durante o cumprimento de uma diligência por um oficial de justiça que procura pessoas, lugares ou empresas por endereços oficiais pouco conhecidos.

Nesse sentido, é importante destacar parceria que foi celebrada entre a empresa *Google,* a ONG Gerando Falcões e a empresa Na Porta, por meio da qual a *Google* fará o mapeamento de três favelas de São Paulo a fim de incluir pessoas que lá residem e que por não terem um endereço identificado pelo nome da rua, número e código postal não conseguem receber uma encomenda ou acionar um transporte por aplicativo, por exemplo. A ideia é que sejam criados endereços digitais por meio da ferramenta *Plus Code* da *Google.* (Mathias, 2023).

Essas ferramentas desenvolvidas com base no georreferenciamento dos lugares e interligadas com aplicativos que possuem tecnologias eficientes de geolocalização, demonstram que cada vez mais será possível identificar uma pessoa ou objeto em qualquer lugar da superfície terrestre. Estamos, literalmente, sendo vigiados o tempo todo.

4.5 AS FERRAMENTAS DE GEOLOCALIZAÇÃO E AS OUTRAS FONTES DE PROVA

Um aspecto prático a ser observado quando da utilização de dados de geolocalização como meio de prova é a combinação dessas informações com outras fontes de prova que podem integrar o acervo probatório e reforçar o fato que se pretende demonstrar. No caso de uma medida protetiva, por exemplo, o réu pode se valer não só dos dados de geolocalização, mas também do extrato de compras de um determinado estabelecimento, do comprovante de hospedagem em determinada localidade ou do tíquete de entrada e saída de um estacionamento para demonstrar que não infringiu a área delimitada.

Diante da infinidade de registros digitais, o extrato do pedágio, por exemplo, pode demonstrar não só as praças de pedágio pelas quais um veículo passou, mas também os abastecimentos realizados e a entrada em outros locais conveniados, como *shoppings* e estacionamentos de aeroportos.

Para fins trabalhistas, é possível comparar os horários de entrada e saída que constam nos cartões de ponto com o extrato do cartão do vale-transporte que registram o horário exato em que o trabalhador utilizou o transporte público para se deslocar de sua residência ao trabalho e vice-versa. Além disso, existem os registros em portarias de empresas, prédios e condomínios que também fazem a marcação do momento da entrada e saída, até mesmo por sistemas biométricos.

Além disso, é muito comum que as empresas adotem sistemas informatizados que, para liberar o início do trabalho, dependem do *login* e *logout* do trabalhador, como ocorre em agências bancárias ou em casos de motoristas carreteiros, cujo caminhão é bloqueado e só inicia o percurso após a inserção da macro(51) que dá início à jornada.

É evidente que cada situação dependerá do contexto probatório e dos contornos da lide, os quais dependerão especialmente da impugnação às provas apresentadas, pois fatos incontroversos independem de prova, nos termos do art. 374, III, do CPC. Outros fatores que influenciarão na produção da prova são a conduta das partes e a seriedade das alegações, pois não basta uma contestação qualquer, sendo imprescindível a impugnação específica e bem fundamentada.

De todo modo, além da prova documental e pericial, durante a audiência de instrução, haverá sempre a possibilidade da prova testemunhal que, juntamente com o depoimento pessoal das partes será de grande valia para delimitar os fatos que podem ser esclarecidos pela prova digital. Saber se o investigado portava o aparelho celular, por exemplo, pode ser uma informação indispensável para se solicitar a obtenção de dados de geolocalização.

---

(51) A macro é uma expressão que identifica o comando inserido no sistema para indicar o movimento do veículo, como "início de jornada", "manutenção" ou "pausa para refeição".

E, com isso, não se está a dizer que a prova digital será sempre supletiva ou subsidiária, pois não há no ordenamento jurídico brasileiro a hierarquia entre provas. De acordo com o artigo 369 do CPC, a parte é livre para se valer de todos os meios de prova lícitos, ainda que não especificados naquele código. O que se defende é que uma audiência de instrução bem realizada, com os esclarecimentos necessários à delimitação fática, é importante para evitar uma apuração falha dos fatos. E, dessa forma, atendendo-se ao princípio da unidade da prova, a análise conjunta de todos os elementos probatórios juntados aos autos certamente trará ao magistrado a convicção de que necessita para a formação do seu convencimento.

Por exemplo, um relógio de monitoramento cardíaco pode servir para demonstrar que a vítima sofreu ou não uma agressão. A entrada num refeitório pode demonstrar que o autor usufruiu de intervalo para refeição e os dados do *Google Maps* podem demonstrar que o réu tinha um hábito de vida que o classifica como um mero usuário de drogas e não necessariamente um traficante.

Aos advogados caberá a análise das peculiaridades que envolvem as atividades em discussão na causa, além de uma entrevista detalhada com o cliente, pois a digitalização de nossas vidas fez com que diversas fontes de provas digitais se fizessem presentes no dia a dia e, muitas vezes, sequer as notamos.

5 Geolocalização e validade da prova

O artigo 5º, LV, preceitua que são assegurados aos litigantes, e aos acusados em geral, o contraditório e ampla defesa, com os meios e recursos a ela inerentes. Ao fazer referência a todos os meios inerentes à ampla defesa, o dispositivo constitucional condiz com o princípio da ampla liberdade probatória, previsto no artigo 369 do CPC, segundo o qual "as partes podem usar todos os meios legais e moralmente legítimos para comprovar a verdade dos fatos que embasam a defesa ou o pedido".

Por outro lado, o princípio constitucional da vedação da prova ilícita, previsto no inciso seguinte (art. 5º, LVI), estabelece que as provas obtidas por meios ilícitos são inadmissíveis no processo. Assim como o artigo 157 do Código de Processo Penal, alterado em 2008, considera inadmissíveis as provas ilícitas, definindo-as como aquelas as obtidas com violação de normas constitucionais ou legais, as quais devem ser desentranhadas do processo.

Portanto, nota-se que o direito à prova não é um direito absoluto, pois há circunstâncias em que a prova é considerada ilícita e, consequentemente, não é admissível e não pode ser valorada pelo julgador, especialmente quando para a obtenção dessa prova, há outros direitos fundamentais de igual ou maior envergadura, que podem ser afetados.

O desafio que se impõe é definir tais circunstâncias limitadoras, considerando o fato de que há certas situações em que determinada prova será indispensável para assegurar a tutela de um direito humano fundamental e, ao se restringir esse direito, o Estado não conseguirá assegurar ao cidadão o acesso a uma ordem jurídica justa.

As "provas ilícitas" no âmbito do direito europeu são designadas como "proibições de prova" e na literatura anglo-saxônica pela locução *exclusionary rules* (regras de exclusão), a qual consiste no "conjunto de princípios, normas e práticas jurisprudenciais suscetível de ser referenciado como o sistema americano das proibições de prova". Foi bem desenvolvida pelo Tribunal Constitucional da Alemanha (Andrade, 2013).

A expressão "proibições de prova" foi cunhada em 1903, por Ernst Ludwig Von Beling, com a finalidade de impor limites à descoberta da verdade material no processo penal. Essas proibições servem como mecanismo de tutelar as liberdades individuais e o interesse público e alertar os envolvidos na fase investigatória para que não cometam atos arbitrários, pois somente poderá ser utilizada para fundamentar a decisão, a verdade válida, que tenha sido licitamente adquirida (Kist, 2024).

Antes da alteração do artigo 157 do Código de Processo Penal inexistia um conceito para as provas ilícitas e a doutrina do processo penal distinguia a prova ilícita, que seria aquela obtida com violação ao direito material e prova ilegítima, que violaria as normas de direito processual. No entanto, as consequências jurídicas dessa distinção mostram-se sem utilidade prática (Pacelli, 2020).

O conceito apresentado por Cândido Rangel Dinamarco (2001) é bastante preciso ao afirmar que "as provas ilícitas são demonstrações de fatos obtidas por meios contrários ao direito quer no tocante às fontes de prova, quer quanto aos meios probatórios". Portanto, seja no momento da sua obtenção ou no momento em que é inserida nos autos, a prova deve observar não só as balizas constitucionais que tratam do tema, como também os tratados internacionais e a legislação infraconstitucional que estabelece o procedimento probatório em cada um dos ramos do direito processual.

A consequência da obtenção de uma prova ilícita é a sua invalidade, seja quando não se observa o processo de produção, seja quando não se observa a regra das proibições. Para essa invalidade haverá uma sanção, que consiste na sua nulidade. Contudo, não há como antecipar o tratamento que será dado aos atos inválidos em toda e qualquer situação. Logo, esse vício ou violação pode ser graduado conforme sua gravidade e natureza, uma vez que, em algumas situações, ele será passível de correção e, em outras, irreparável, o que leva a nulidades que podem ser relativas ou absolutas (Kist, 2024).

Especificamente em relação às provas eletrônicas, também se aplica regime jurídico da teoria geral da prova, devendo ser observados os mandamentos constitucionais e os dos tratados de igual hierarquia, além das regras procedimentais de cada um dos ramos do direito processual. No entanto, é inegável que o rápido avanço da tecnologia dificulta a compreensão de peculiaridades dessa prova, as quais abrangem todas as fases da prova digital, que segundo Martín (2018) são três: a da obtenção da informação ou dado, a da incorporação do dado ao processo e a da valoração dos dados incorporados.

Ao discorrer sobre os perigos das provas digitais, Bielli e Ordoñez (2021) alertam que o cenário atual é marcado pela facilidade que os litigantes têm para obter informações por meios próprios, pré-constituindo provas a qualquer momento e em qualquer lugar, sem controle jurisdicional. E, consequentemente, o magistrado se depara com uma quantidade enorme de dados obtidos extrajudicialmente que precisam ser filtrados para verificar a sua conformidade com o ordenamento jurídico e analisar se demandarão outras provas, como a pericial, documental ou testemunhal.

Os autores chamam a atenção para o fato dessas provas terem uma capacidade indiscriminada de reunir informações de toda espécie e natureza, frequentemente recolhidas de forma silenciosa, passando despercebidas, a ponto de a parte contrária não saber e sequer imaginar, a quantidade de registros informáticos em posse da outra parte e quais foram os métodos utilizados para obtê-los.

Fica claro, portanto, que além dos direitos e garantias fundamentais cuja afetação contamina a prova digital, é importante também discorrer sobre requisitos de validade desse meio probatório e em que medida é possível conciliar o direito constitucional à prova com outros direitos fundamentais, cuja violação tem sido frequentemente invocada em Juízo para afastar a utilização de dados de geolocalização nos processos judiciais em geral.

5.1 DIREITOS FUNDAMENTAIS: PARÂMETROS DE LICITUDE

O direito à prova é corolário dos princípios constitucionais do devido processo legal e do contraditório e da ampla defesa, respectivamente previstos no art. 5º, incisos LIV e LV da Constituição Federal. Por outro lado, a proteção de dados, desde a Emenda Constitucional 115/22 passou a ser um direito fundamental positivado (art. 5º, LXXIX), ao lado dos tradicionais direitos à privacidade (art. 5º, X) e ao segredo de comunicações (artigo 5º, XII).

Inclusive, durante a pandemia da Covid 19, o Supremo Tribunal Federal foi provocado para se manifestar sobre a constitucionalidade da MP 954/2020, na ADI 6387, por meio da qual se pretendia que operadoras de telefonia compartilhassem com o Instituto Brasileiro de Pesquisas e Estatística (IBGE) dados pessoais de seus usuários consistentes em nomes, telefones e endereços. E, na ocasião, reconheceu que a proteção de dados tem caráter de direito fundamental autônomo.

Essa decisão demonstra a necessidade de ajustar os contornos dos direitos da personalidade para contemplar os hábitos de vida da sociedade atual, cujos atos mais simples da vida passaram a demandar a utilização da internet e do aparelho celular, que conforme Gloeckner e Eilberg (2019) se tornaram uma verdadeira extensão dos direitos da personalidade.

A esse respeito, merecem especial atenção os principais direitos especiais de personalidade, que são os direitos à privacidade e intimidade, honra e imagem, inviolabilidade do domicílio, sigilo de correspondência e das comunicações, sigilos fiscal e bancário e proteção de dados pessoais (Sarlet, 2020).

O fato de o aparelho celular ter se tornado mais que um equipamento para efetuar e receber ligações, funcionando como um computador pessoal portátil, onipresente e sempre conectado para todas as coisas, tornou o usuário refém dos provedores de conexão e aplicações utilizados. Isso ocorre porque o fornecimento dos seus dados é condição para utilizar os serviços, configurando uma verdadeira "ditadura da falta de alternativas" (Zuboff, 2020).

O tratamento desses dados mediante técnicas de mineração de dados, combinadas com as tecnologias que permitem rastrear todos os movimentos do sujeito, gera uma exposição excessiva que pode vulnerar várias dimensões da personalidade, não só por parte do Estado, mas também por particulares.

Sob essa perspectiva, fala-se em uma terceira geração de direitos fundamentais, formada pelas garantias do cidadão contra os ataques às suas liberdades decorrentes das novas tecnologias. Esse conjunto de direitos é conhecido como "liberdades informáticas", abrangendo o direito ao sigilo das comunicações informáticas e telemáticas, à privacidade digital e ao direito de autodeterminação informativa (Navalón, 2014).

Todos esses direitos integram o direito geral de personalidade ou livre desenvolvimento da personalidade, que constitui uma cláusula geral, ligada à proteção da esfera nuclear da personalidade, dignidade e liberdade humanas (Sarlet, 2020). No entanto, conforme destacado pelo Ministro Alexandre de Moraes, na decisão da ADI 6387, diante do princípio da relatividade ou da convivência das liberdades públicas, os direitos e garantias fundamentais, especificamente intimidade, vida privada e sigilo de dados não são ilimitados. Eles encontram limites nos demais direitos consagrados na Constituição.

Portanto, em caso de colisão entre os princípios constitucionais que revestem o direito à prova de um lado e o direito à privacidade, à proteção de dados e ao sigilo de comunicações, por outro, caberá ao magistrado sopesá-los para analisar se naquele caso concreto se justifica a restrição de um direito em detrimento do outro. Essa ponderação tem sido objeto de preocupação recorrente em vários julgados nacionais e estrangeiros em que os dados de geolocalização têm sido utilizados como meio de prova, conforme se demonstrará no capítulo 6.

5.1.1 Direito à Privacidade

O primeiro ato normativo a tratar da privacidade a nível internacional foi a Declaração Universal dos Direitos Humanos. O seu artigo 12 prevê que "ninguém será sujeito a interferências na sua vida privada, na sua família, no seu lar ou na sua correspondência, nem a ataques à sua honra e reputação". Ele também preceitua que todos têm direito à proteção contra as interferências ou ataques referidos. Esse direito de caráter universal também foi reconhecido pelo art. 7º[52] da Carta de Direitos Fundamentais da União Europeia e pelo art. 8º da Convenção Europeia de Direitos Humanos (CEDH)[53].

No Brasil, o direito à privacidade apareceu, pioneiramente, numa constituição em 1988. O artigo 5º, X, preceitua que "são invioláveis a intimidade, a vida privada, a honra e a imagem das pessoas, assegurado o direito a indenização pelo dano material ou moral decorrente de sua violação".

Em nível infraconstitucional, o Código de Defesa do Consumidor (Lei n. 8.078/90) já previa em seu artigo 43, §2º, que a abertura de dados pessoais e de consumo deverá ser comunicada por escrito ao consumidor. Ademais, o art. 21 do Código Civil dispõe que a vida privada da pessoa natural é inviolável e o juiz, a requerimento do interessado, adotará as providências necessárias para impedir ou fazer cessar ato contrário a esta norma.

O direito à privacidade possui uma dupla dimensão: subjetiva e objetiva. Na dimensão subjetiva, atua como direito de defesa contra intervenções do Estado e de terceiros, além de garantir a liberdade pessoal e a autodeterminação sobre informações pessoais. Na dimensão objetiva, impõe ao Estado um dever de proteção, tanto nas relações privadas, para evitar intervenções de terceiros, quanto na garantia das condições que assegurem o desfrute da vida privada (Sarlet, 2020).

Se no início do século passado o direito à privacidade era considerado como o direito de ser deixado em paz ou o direito de ser deixado sozinho (Warren e Brandeis), atualmente, esse direito foi se metamorfoseando ao longo do tempo até

(52) Respeito pela vida privada e familiar. Todas as pessoas têm direito ao respeito pela sua vida privada e familiar, pelo seu domicílio e pelas suas comunicações.

(53) Artigo 8º — Direito ao respeito pela vida privada e familiar

1. Qualquer pessoa tem direito ao respeito da sua vida privada e familiar, do seu domicílio e da sua correspondência.

2. Não pode haver ingerência da autoridade pública no exercício deste direito senão quando esta ingerência estiver prevista na lei e constituir uma providência que, numa sociedade democrática, seja necessária para a segurança nacional, para a segurança pública, para o bem-estar económico do país, a defesa da ordem e a prevenção das infracções penais, a protecção da saúde ou da moral, ou a protecção dos direitos e das liberdades de terceiros.

chegar na proteção de dados (Doneda, 2021), de modo que a noção de privacidade foi deslocada para os direitos de personalidade (Gloeckner e Eilberg, 2019).

As relações intersubjetivas hoje são administradas pelas empresas prestadoras de serviços telemáticos, as quais armazenam uma grande quantidade de dados que permitem recriar, de forma muito precisa, aspectos super significativos da personalidade. Com base nessa cessão voluntária de dados surge uma concepção adaptada da realidade digital, ajustando as elas teorias existentes, como a doutrina da terceira parte (Aboso, 2023).

Essa teoria é conhecida no direito americano como doutrina de terceiros (*third party doctrine*) e, segundo ela, não há expectativa de privacidade sobre as informações que a pessoa compartilhou voluntariamente e de forma consciente (Freiwald e Smith, 2019).

Empresas, que tem na tecnologia digital de informação e comunicação o seu foco, agem como se defendessem direitos e emancipação, mas nos bastidores, vendem para outras empresas os dados comportamentais preditivos, obtidos a partir da experiência humana que lhes serve de matéria prima (ZUBOFF, 2020).

O tratamento informático de dados pode interferir no direito que toda pessoa tem de impedir o acesso e a divulgação de informações sobre a vida privada e familiar da pessoa (Sarlet, 2020), mas é o estado da tecnologia e da sociedade em cada época que vai traçar a problemática da privacidade (Doneda, 2021).

Não é fácil distinguir os diversos níveis de proteção do direito à privacidade, pois há um âmbito mais reservado da intimidade da vida pessoal e familiar, mas há também uma esfera mais aberta referente à inserção social do indivíduo e por isso os dados não podem ser considerados de forma isolada, pois há casos em que a combinação de informações aparentemente aleatórias pode ferir o direito à privacidade (Sarlet, 2020).

Por outro lado, não se pode inferir que todo e qualquer acesso aos dados implicará na violação à privacidade, devendo ficar evidenciado o prejuízo e mais, analisar em que medida esse potencial ofensivo pode ser mitigado para preservar um direito mais importante. Por isso que Sarlet (2020) destaca que as circunstâncias de cada caso concreto devem ser avaliadas.

A intimidade (no sentido de uma das esferas da privacidade) é modulável pelo cidadão, que tem o poder de definir seus limites de proteção por decisão própria ou como resultado de suas ações, o que torna especialmente relevante a doutrina sobre a expectativa razoável de privacidade (Martín, 2018).

O conceito de expectativa razoável de privacidade pode ser resumido da seguinte forma: na dimensão positiva, o direito à intimidade se aplica a situações em que as circunstâncias permitem que o indivíduo mantenha uma intenção de reserva. Na dimensão negativa, não se considera uma intrusão ilegítima na intimidade quando o indivíduo, intencionalmente ou de forma consciente, se envolve em atividades que o expõem de maneira razoável ao conhecimento de terceiros (Martín, 2018).

A proteção à privacidade suscita grandes preocupações em todas as áreas do direito e é um tema sempre atual, pois, na medida que os meios de comunicação evoluem, cada vez mais se ampliam os potenciais danos às pessoas, em razão da amplitude que a publicização da esfera privada pode atingir.

Entretanto, apesar de receber um alto grau de proteção, o direito à privacidade não está imune a intervenções restritivas, as quais são justificáveis quando necessárias para assegurar a proteção de outros direitos fundamentais ou bens constitucionais relevantes (Sarlet, 2020). Assim, o direito relativiza a proibição da utilização de provas ilícitas, a depender do contexto fático em discussão no processo judicial, mediante ponderação entre o direito afirmado pelo autor e o direito violado (Marinoni e Arenhart, 2019).

A obtenção de dados relativos à localização de uma pessoa, no processo penal, pode vulnerar a esfera jurídica de alguém, mas, quando se trata da vítima ou do criminoso, esse ato pode ser legítimo. Se houver contestação, sob argumento de que há violação de direitos fundamentais, o magistrado aplicará, no caso concreto, um teste de proporcionalidade, com a seguinte sequência: i) identificar quais fins constitucionais o legislador busca com a medida (geolocalização); ii) examinar se há uma correspondência entre a intervenção no direito e o objetivo a ser atingido para que a medida contribua para tal finalidade (idoneidade); iii) analisar se a medida (geolocalização) é necessária ou se existem outras medidas que também sejam adequadas e que afetem menos o direito violado; iv) proporcionalidade em sentido estrito: analisar se o nível de realização do objetivo que se pretende é maior do que o do direito fundamental afetado (Garcés, 2020).

No campo do direito penal, os prejuízos pelo exercício do direito fundamental à privacidade em detrimento ao direito de provas são perceptíveis, sendo mais admitida a aceitação de provas que violam a privacidade, especialmente para casos de crimes graves. Tanto é que o artigo 5º, XII, expressamente admite a quebra do sigilo das comunicações em caso de investigação criminal, como se verá no item 5.1.3.

Também há um certo rigor com a conduta escorreita das autoridades investigativas, pois, de um lado se tem o Estado exercendo o seu *jus puniendi*, e de outro o réu na defesa do seu direito de liberdade. No âmbito do processo civil, a situação é bem diversa, pois trata-se de uma relação entre particulares e, salvo poucas exceções, os direitos são disponíveis.

No âmbito do direito processual civil e trabalhista, por outro lado, a análise sobre a admissibilidade das provas que violam o direito à privacidade requer uma cautela um pouco maior, pois se trata de uma relação entre particulares, na qual se pressupõe a igualdade processual, devendo ser analisadas as circunstâncias processuais específicas.

Inicialmente, será necessário analisar a conduta das partes, especialmente em relação à comparação entre a argumentação da peça de defesa e da petição inicial para fixar os pontos controvertidos. Também deverá ser analisado o teor da impugnação ofertada às provas apresentadas, pelo autor, com a petição inicial (artigos 319 e 320, CPC), e pelo réu, junto com a defesa (artigos 335 e 336, CPC).

Essa primeira análise justifica-se porque, segundo o art. 374, III, do CPC, os fatos incontroversos não dependem de prova. Outro fator a ser observado é o do ônus da prova, já que há determinadas situações em que a lei atribui expressamente às partes a carga probatória, a exemplo dos artigos 422 e 429 do CPC. Também há que se observar a preclusão dos atos probatórios.

Finalmente, para as situações em que as partes lançaram mão dos meios probatórios dos quais dispunham e, ainda assim, o magistrado não tem elementos suficientes para formar o seu convencimento, poderão ser produzidas provas complementares, requeridas pelas partes, ou de ofício pelo juiz, com base no art. 370 do CPC. Porém, no caso da parte se recusar a fornecer dados que tem em seu poder, haverá incidência do artigo 400, *caput,* do CPC.

No entanto, é importante pensar que, no campo prático, são várias as situações em que a obtenção de dados de geolocalização servirá para esclarecer pontos controvertidos. No entanto, verificou-se que as hipóteses dos casos concretos ainda são reduzidas, como se verá no capítulo seguinte.

As decisões mais recorrentes que se valeram desse meio de prova envolvem a comprovação de celebração de contratos eletrônicos de empréstimos. No entanto, a variedade dos fatos da vida poderá agregar diversas outras possibilidades. A comprovação de suspeição de uma testemunha em qualquer tipo de ação, a demonstração de que estava ou não num local no momento do sinistro, no caso de ação movida pelo envolvido no acidente, pela seguradora ou por terceiros, o fato de visitar um local com frequência em causas de família e diversos outros exemplos demonstram que a tendência é que esse meio de prova se torne cada dia mais frequente também no processo civil.

Em tais casos, caberá ao magistrado a análise casuística para valorar se os interesses em discussão em cada um dos exemplos acima, justifica o sacrifício à privacidade daquele que é apontado como o titular dos dados para prestigiar a obtenção da prova. Em cada situação, o magistrado analisará se os elementos de prova até então existentes são suficientes e se a melhor solução é proferir o julgamento com base no ônus da prova e aptidão para a prova. Ou, se pelo contrário, é indispensável a produção dessa prova.

No processo do trabalho, em que a solicitação dessa prova tem sido reiterada, a questão da privacidade torna-se um pouco mais delicada, pois diferentemente do que ocorre no direito processual civil, a relação material trabalhista não pressupõe a igualdade entre as partes. O contrato de trabalho é um contrato de adesão e ao empregado, ao ser admitido, somente existe a opção de aceitar o que está determinado ou, alternativamente, seguir desempregado.

É fato que a maioria das ações trabalhistas são ajuizadas depois de encerrado o contrato, no entanto, é o empregador quem redige e guarda a documentação que instrui o contrato e nem sempre o trabalhador tem acesso aos dados coletados durante a relação contratual. Aliás, em muitos casos, os dispositivos utilizados para registrar essas informações pertencem ao empregador que os retoma quando do encerramento do pacto laboral.

De todo modo, não se discute aqui a licitude do monitoramento do trabalhador em tempo real, enquanto trabalha, mediante dispositivos instalados no veículo ou portáteis que transmitem sinais por meio de GPS. Esses meios de controle dizem respeito ao limite do poder diretivo do empregador e dependem da ciência do trabalhador, podendo ser utilizados se a necessidade o justificar e desde que durante o horário trabalhado.

O objeto desse trabalho, portanto, circunscreve-se à utilização de dados de geolocalização estáticos em posse das partes, de terceiros ou em dispositivos apreendidos, os quais podem servir como meio de prova para comprovar, ainda que por exclusão, em qual posição geográfica determinada pessoa se encontrava no momento do fato controvertido. Não se trata da hipótese de interceptação, mas sim de obtenção dos dados e metadados armazenados que revelem a geolocalização do trabalhador.

Assim, do mesmo modo que foi exposto, em relação ao direito processual civil, como pressuposto da análise do direito à privacidade, o juiz do trabalho deverá fazer a análise dos contornos da lide, para identificar exatamente quais são os fatos controvertidos. Num segundo momento, analisará quais provas estão disponíveis para a comprovação do direito pleiteado.

Para tanto, devem ser consideradas as especificidades desse ramo do direito processual, cujos poderes instrutórios do juiz são mais elastecidos (art. 765 da CLT) e o rito segue princípios como da simplicidade e do informalismo, sem esquecer do *jus postulandi*, previsto no art. 791 da CLT, que autoriza o ajuizamento de ação sem necessidade de um advogado.

Partindo para exemplos práticos, é imaginável que a obtenção de dados de geolocalização seja útil para situações recorrentes na Justiça do Trabalho, como, por exemplo, para comprovar que houve trabalho durante o período do aviso prévio, que o trabalhador retornou ao emprego após o fim do benefício previdenciário, além das questões mais corriqueiras, como a existência de jornada extraordinária.

De todo modo, o juiz também se norteará pela observância do ônus da prova, das provas ao alcance das partes e pela existência ou não de obrigação legal de documentar certos fatos da relação contratual. Por exemplo, se a ação é ajuizada em face de uma empresa com mais de vinte empregados, cabe a essa juntar os cartões de ponto. A sua recusa em cumprir obrigação legal (art. 74 da CLT) será justificativa para o indeferimento de prova consistente na obtenção de dados de geolocalização.

Por outro lado, imagine uma situação em que a empresa conta com menos de vinte empregados e o ônus da prova de demonstrar jornada extraordinária é do trabalhador. Se ele não tiver testemunhas ou se a testemunha convidada pela empresa ratificar os horários descritos na defesa, os dados de geolocalização podem ser um meio assertivo de comprovar que o sobrelabor foi realizado.

Em outro exemplo, se a empresa afirma que seus relatórios de vendas têm horário de início e término da jornada, ou que todo o horário de trabalho está compreendido dentro dos registros de *login* e *logout* no sistema, a prova de geolocalização também não será necessária, não se justificando violar a privacidade do empregado[(54)], se a empresa com aptidão para a prova deixou de juntar documentos que lhe pertenciam.

Porém, nas situações em que a prova mediante obtenção de dados de geolocalização se destina a comprovar a jornada, é preciso analisar uma situação precedente: se o direito pleiteado é o pagamento de horas extras inadimplidas, durante a contratualidade, e, se nos horários alegados o autor estava prestando serviços, há nesse período expectativa de privacidade?

E se é o trabalhador quem pretende ver tutelado o seu direito de ser remunerado por horas que extrapolaram o limite legal, não é dele o interesse primeiro

(54) Nesse sentido foi a decisão proferida no TRT 15ª Região, 5ª Câmara, proc. 0010411-62.2019.5.15.0077, julg. 23/08/2022, Rel. Des. Samuel Hugo Lima.

em demonstrar que estava no local de trabalho, se esse fato, por si só, é suficiente para lhe assegurar êxito no pleito formulado? Esse raciocínio também se aplica para ações em que o autor postula o reconhecimento de vínculo empregatício, sob alegação de que trabalhava diariamente, e o suposto empregador contesta, alegando que o trabalho era eventual. Não é o empregado o maior interessado em demonstrar que comparecia no estabelecimento com frequência diária?

Nessas situações pontuais, parece claro que não há a expectativa de privacidade e, ainda que houvesse, o fato de constatar-se que o titular de dados estava no trabalho, exatamente no horário que ele mencionou, em nada viola esse direito fundamental. Logo, não haverá prejuízos em consequência da simples constatação de que, no horário de trabalho, ele estava no local de trabalho.

Aliás, nesse sentido, a decisão proferida pela SDI, II do C. TST, da lavra do ministro Amaury Rodrigues Pinto[55], destacou que, para fins de comprovação de jornada extraordinária, essa diligência de obtenção de dados de geolocalização só invade a intimidade do trabalhador, caso ele não tenha exposto os fatos em Juízo conforme a verdade, com o que concordamos, pois, se houve a indicação dos dias e horários trabalhados na petição inicial, não há expectativa de privacidade em relação a esse dia e horário em que o trabalhador indicou trabalho efetivo.

Aliás, pelo contrário, é de todo interesse do trabalhador a demonstração de que, de fato, estava trabalhando nos horários em que alegou que havia jornada extraordinária, não registrada nos controles de ponto. Aqui é importante destacar que o ônus da prova, inclusive, pertence ao trabalhador, quando a empresa possui tais registros e ele os impugna. Logo, se houver o que se chama na prática de "prova dividida", o julgador provavelmente não acolherá a tese do autor, proferindo uma decisão que lhe será desfavorável porque não se desincumbiu do ônus da prova.

A situação seria outra, caso os dados de geolocalização abrangessem dias e horários não declinados na exordial, hipótese em que a recusa do trabalhador em divulgar tais dados seria legítima, pois, além da expectativa de privacidade sobre sua vida fora do horário de trabalho, não há nada que justifique a publicização dos locais frequentados e que não guardam relação com o contrato de trabalho.

Desse modo, cabe ao julgador tomar providências para restringir os dados de geolocalização aos dias e horários controvertidos nos processos, seja mediante técnicas manuais, como colocar uma tarja sobre os dados ou divulgar apenas aqueles que interessam ao processo, seja por meios automatizados, como aqueles disponibilizados pela ferramenta *Veritas*, que possui filtros de locais, dias, horários e dias da semana.

---

(55) Processo número TST-ROT — 23218-21.2023.5.04.0000.

Além disso, é recomendado que a visibilidade dessas informações seja restrita às partes e seus advogados, evitando a publicização dessas informações nos processos judiciais que, por serem digitalizados, ficam disponíveis na rede mundial de computadores. Por meio da adoção dessas medidas, o magistrado preservará a privacidade do empregado.

Quanto à alegação de se tratar de uma prova confiável ou de ser uma prova principal ou supletiva, é matéria que não guarda relação com a violação à privacidade, mas sim com os seus requisitos de validade e sua valoração, que serão analisados oportunamente no item 5.2.

Para efeitos de privacidade, a questão a ser debatida é: quais são os seus contornos nos dias atuais e em que situações se entende que há a expectativa de privacidade. E, superados esses dois aspectos, se é possível anonimizar dados para que essa expectativa, se existente, seja invadida o mínimo possível, observando-se o princípio da necessidade, previsto no artigo 6º, III da LGPD.

Para fazer esse delineamento, é indispensável refletir sobre a intimidade, em contraposição à expectativa de privacidade no cenário mundial de hoje. A extimidade representa o oposto da intimidade ou a ausência de desejo de que algo fique em segredo. Nas palavras de Wendt e Wendt (2015), em vez de optar pela restrição, o usuário escolhe justamente pelo contrário que é a ausência de barreiras para que algo íntimo chegue ao conhecimento da coletividade. Isso se dá quando ele expõe seus dados deliberadamente na internet (seja postando fotos em redes sociais, usando diários em *blogs*, enviando mensagens, utilizando aplicativos e outras situações em que o titular dos dados viola a própria expectativa de proteção).

Outro aspecto não menos importante a ser considerado diz respeito à responsabilidade que se espera das partes ao ajuizarem uma demanda ou ao se apresentarem em Juízo para se defender. O Judiciário não é lugar para "trucar". Os recursos tecnológicos existentes não compactuam com alegações inverídicas que podem ser facilmente desmascaradas. Ao ser retirado do seu estado de inércia, o Poder Judiciário tem o dever de prestar a jurisdição e proferir uma decisão justa(56). Para tanto, deverá empregar as melhores técnicas disponíveis.

5.1.2 Proteção de dados

A teoria dos círculos concêntricos, baseada na doutrina alemã de Heinrich Hubman e Heinrich Henkel, que dimensionava a privacidade em três esferas

(56) Para Michele Taruffo, a decisão justa é aquela que observa três aspectos: se preocupa com o procedimento correto, com a escolha correta da norma aplicável e também com a verdade.

— privada, íntima e do segredo — já não é mais suficiente para abrigar as possibilidades de afetação da vida privada das pessoas, no contexto da sociedade atual, dirigida por dados.

Diante dessa percepção, a normatização em torno da privacidade, que se desenvolveu a nível internacional até meados do século XX, com a Declaração dos Direitos do Homem, foi atualizada, tendo como marco a Convenção 108 (Convenção do Conselho da Europa para a Proteção das Pessoas Singulares no que diz respeito ao Tratamento Automatizado de Dados Pessoais), ainda não ratificada pelo Brasil. Ela foi assinada em Estrasburgo, em 28 de janeiro de 1981 e foi o primeiro instrumento internacional com efeito vinculante. Posteriormente, no ano 2000, houve o reconhecimento da proteção de dados como direito fundamental, por meio do artigo 8º da Carta de Direitos Fundamentais da União Europeia.

No Brasil, no ano de 2014, foi publicado o Marco Civil da Internet (MCI), Lei n. 12.965 (regulamentada pelo Decreto n. 8.771/2016), que estabeleceu princípios, garantias, direitos e deveres para o uso da Internet no país, tendo por princípios a proteção da privacidade (art. 3º, II) e dos dados pessoais (art. 3º, III). No caso destes, na forma da lei, posteriormente chamada de Lei Geral de Proteção de Dados (LGPD).

A LGPD (Lei n. 13.709/2018) foi inspirada no Regulamento Geral de Proteção de Dados (RGPD) da Europa, a qual entrou em vigor parcialmente em dezembro de 2018 e, integralmente, em agosto de 2021. Nesse interregno, a proteção de dados foi reconhecida como um direito fundamental autônomo pelo Supremo Tribunal Federal, ao julgar a ADI 6387/2020, tendo sido positivado pela EC 115/22.

A proteção de dados é uma espécie de herdeira da privacidade, que passou a se estruturar em torno da informação e, especificamente do dado pessoal (Doneda, 2021), definido pelo artigo 5º da LGPD, como a informação relacionada à pessoa natural identificada ou identificável. No mesmo artigo, define também o banco de dados, como "conjunto estruturado de dados pessoais, estabelecidos em um ou vários locais, em suporte eletrônico ou físico".

Uma consulta a diferentes *sites* mostra a quantidade de dados e informações que circulam pela internet a cada minuto: são transmitidas cerca de 41,6 milhões de mensagens de *WhatsApp* e transmitidas 24 mil horas de músicas no *Spotify*, são publicadas 360 mil postagens no *X* (*Twitter*) e compartilhados 694 mil *reels* no *Instagram*. Também são realizadas 6,3 milhões de pesquisas no *Google* e lançados

6.944 *prompts* no *ChatGPT*[57]. No Blog BETFYUK é possível estimar[58] o que acontece na internet a cada segundo[59] no *Facebook*, *Instagram*, *Twitter*, *Snapchat*, *Youtube*, *Pinterest*, *Tumblr*, *Cloud Storages*, *Dropbox*, *Google Drive*, *iCloud* e outros. Além disso, é possível verificar, por exemplo, quantos usuário estão ativos na rede social, o número de perfis, de vídeos visualizados e de fotos carregadas.

Esse volume de dados representa bem a expressão *Big Data*, que pode ser entendida como uma grande massa de dados não estruturados e heterogêneos, cuja análise é dificultada pela inexistência de um mecanismo estruturado de consulta (Caselli, 2024).

O processamento de dados por computadores transforma significativamente o modo como são tratados e as consequências daí advindas. Parte desses impactos pode ser medida quantitativamente. No entanto, não é apenas a quantidade de informações que diferencia o tratamento informatizado; há também uma mudança qualitativa importante, impulsionada pelo uso de métodos, algoritmos e técnicas avançadas, como *profiling*, *data shadow* e *data mining* (Doneda, 2021). Essas técnicas são capazes de revelar aspectos privados da vida das pessoas.

Em relação à proteção de dados, não há dúvida de que aqueles referentes à geolocalização de um dispositivo e, consequentemente, de seu usuário, configuram-se como dados pessoais, e, para alguns doutrinadores, até mesmo como dados sensíveis (Aboso, 2023), razão pela qual estão sob a égide da proteção constitucional e, da Lei geral de proteção de dados. Esses dados, se não tratados adequadamente, tem potencial para expor aspectos pessoais de seus titulares, a partir da frequência e periodicidade que certos lugares são frequentados.

Em consequência, o tratamento desses dados deve buscar sempre a base legal mais adequada e segura para a situação concreta. Na hipótese de determinados dados serem úteis como elementos de prova para o exercício de direitos em processos, eles poderão ser utilizados, desde que exista uma necessidade real para esse propósito (Viola e De Teffé, 2021).

A base legal para a utilização dos dados como meio de prova encontra-se no art. 7º, VI, da LGPD, que autoriza o tratamento de dados pessoais para o exercício regular de direitos em processo judicial, administrativo ou arbitral. A lei

(57) Informações disponíveis no *site*: https://leanbic.com.br/o-que-acontece-na-internet-em-apenas-1-minuto/. Acesso em 29 out. 2024.

(58) O Blog informa que a metodologia para estimar os dados apresentados foram obtidos de fontes da Web que lá estão mencionadas, sendo que a algumas estatísticas se baseiam em dados relatados anualmente e, portanto, são calculadas com base na média por segundo e não representam dados reais em tempo real, mas sim uma aproximação muito precisa do crescimento em tempo real.

(59) Dados disponíveis em: https://betfy.co.uk/internet-realtime/. Acesso em 29 out. 2024.

também autoriza o tratamento quando os dados são sensíveis, dispensando inclusive o consentimento do titular, desde que o tratamento seja indispensável para esse exercício não só em processos judiciais, mas também em contrato (art. 11, II, "d"). No caso de investigação ou repressão de infrações penais, as regras da LGPD sobre tratamento de dados não são aplicáveis (art. 4º, III, "d", da LGPD).

No caso do RGPD europeu, caso o dado seja requisitado pelo órgão judicial a um terceiro, o tratamento deverá ocorrer para atender a uma obrigação legal que recai sobre o responsável pelo tratamento (conforme a alínea *b* do artigo 6º do RGPD), ou seja, para cumprir exigências judiciais. Por outro lado, se o dado for fornecido pela própria parte no processo, haverá base legal quando o tratamento for necessário para atender a interesses legítimos do responsável pelo tratamento (segundo a alínea f do artigo 6º do RGPD). Neste caso, o interesse legítimo terá que ser avaliado (Martín, 2018).

Portanto, o que vai legitimar a solicitação de dados de geolocalização para fins de prova em um processo judicial é a situação fática delineada nos autos, devendo ser avaliada a necessidade e utilidade da prova no contexto probatório. Do mesmo modo, será necessário observar as regras do ônus da prova e da aptidão para provar, nos casos de processos cíveis e trabalhistas.

Por exemplo, se um banco celebra um contrato por meio eletrônico, caberá a ele demonstrar mediante exibição dos metadados registrados que comprovem a autenticidade do contrato em relação à autoria, se esta for contestada. Isso porque, além da previsão contida no artigo 429, II do CPC, é o banco quem possui os registros de todas as fases de formação do contrato eletrônico.

O fato é que nenhum direito é absoluto e o direito à prova também goza de proteção constitucional, pois é indispensável para que o acesso à Justiça seja revestido de efetividade. O que importará é analisar em que medida o direito atingido pela obtenção da prova pode ser sacrificado em prol de uma prova indispensável à prolação de uma sentença justa. Parece razoável e inevitável que, em certas situações, o acesso à dados cadastrais e a outros dados pessoais dos envolvidos sejam mitigados se esta condição for imprescindível para que o magistrado faça a apuração devida dos fatos.

5.1.3 Segredo de comunicações

O direito ao segredo das comunicações é previsto em vários instrumentos internacionais, como a Declaração Universal dos Direitos Humanos de 1948 (art. 12), Pacto Internacional de Direitos Civis e Políticos de 1966 (art. 17), Convênio Europeu de Direitos Humanos e das Liberdades fundamentais de 1950 (art. 8º) e Carta das Liberdades Fundamentais da União Europeia (art. 7) e na Constituição Europeia (II-67).

No Brasil, está previsto no artigo 5º, XII que dispõe que "é inviolável o sigilo da correspondência e das comunicações telegráficas, de dados e das comunicações telefônicas, salvo, no último caso, por ordem judicial, nas hipóteses e na forma que a lei estabelecer para fins de investigação criminal ou instrução processual penal. Como esse dispositivo não era autoaplicável, diante da reserva legal estabelecida pelo constituinte, a lei que o regulamentou (Lei n. 9.296/96) só entrou em vigor no dia 25 de julho de 1996.

A referida lei disciplinou o procedimento a ser observado para a realização de interceptação de comunicações telefônicas, de qualquer natureza (art. 1º), especificando que tal instituto tem por finalidade a produção de prova em investigação criminal e em instrução processual penal, e desde que a infração seja punida com pena de reclusão. A lei também se aplica quando o fluxo de comunicações ocorre por meio de sistemas de informática e telemática (art. 1º, parágrafo único).

Na definição de comunicações telefônicas, inclui-se não apenas conversas telefônicas, mas também a transmissão, emissão ou recepção de símbolos, caracteres, sinais, textos, imagens, sons ou informações de qualquer tipo, por meio de telefonia, seja fixa ou móvel. Elas não abrangem conversas feitas pessoalmente, sem intermédio de equipamentos, as quais não serão regidas pelo art. 5º, XII, mas sim pelo art. 5º, X, da Constituição Federal (Lima, 2024).

Considera-se intercepção telefônica o ato praticado por terceiro de captar a comunicação telefônica alheia, tendo conhecimento do seu conteúdo. Ela não se confunde com a gravação telefônica clandestina que consiste numa autogravação, realizada por um dos comunicadores, geralmente sem o conhecimento do outro, por isso é chamada de clandestina (Lima, 2024).

No julgamento do Recurso Extraordinário 58.3937 pelo Supremo Tribunal Federal (Tema de Repercussão Geral 237), firmou-se a tese de que a prova consistente em gravação ambiental realizada por um dos interlocutores sem o conhecimento do outro é lícita. Na Justiça do Trabalho, a gravação clandestina também tem sido considerada uma prova lícita[(60)].

De outro modo, para processo eleitoral, o pronunciamento do Supremo Tribunal Federal foi diferente e entendeu-se[(61)] que se considera ilícita a prova colhida

(60) Conforme decisão proferida nos autos TST AIRR 7167-22.2011.5.12.0035 Min Luiz Philippe Vieira De Mello Filho, 5/6/2019 e TST-RR-281-72.2016.5.10.0104, Min. Alexandre Ramos, 15/05/2020.

(61) Recurso Extraordinário (RE) 1040515, com repercussão geral reconhecida (Tema 979).

por gravação ambiental clandestina em ambiente privado. A exceção ocorre apenas se a gravação for em local público, sem controle de acesso, pois, nesse caso, não há violação à intimidade ou à expectativa de privacidade.

A autorização concedida pela Constituição Federal para a interceptação das comunicações telefônicas, também abrange a comunicação de dados, imagens e sinais por meio de telemática. Porém, o conceito de comunicações em sistema de informática e telemática não se confunde com o acesso aos dados que estão armazenados em um dispositivo, que são dados estáticos (Lima, 2024).

Inicialmente, havia divergência a respeito da abrangência da proteção da comunicação dos dados, tendo prevalecido o entendimento de que os dados em si não gozam de proteção, mas sim a sua comunicação, conforme decisão proferida pelo Supremo Tribunal Federal(62). A proteção constitucional refere-se à comunicação restringida (liberdade de negação) que assegura que a troca de informações privativas não sejam violadas por um terceiro que não participa da comunicação (Ferraz Júnior, 1992).

A comunicação de dados insere-se no espaço protegido pela liberdade de comunicação pessoal, a qual inclui um aspecto positivo que consiste em transmitir e receber mensagens e, também, um aspecto negativo consistente em não transmitir e não receber (Novelino, 2016).

Desse modo, para avaliar os requisitos legais que autorizam a requisição de dados que revelam a geolocalização de uma pessoa, é importante distinguir as hipóteses em que se pretende obter dados armazenados em provedores de aplicações e operadoras de telefonia, como ocorre quando se oficia à *Google*, *Facebook* ou à *Tim*, *Vivo* ou *Claro*, entre outras, daquelas situações em que o fluxo de comunicação está acontecendo em tempo real.

Nas duas primeiras situações, o que se pretende é a obtenção dos dados armazenados (estáticos), enquanto na última se trata de uma interceptação, pois são dados em trânsito. Esta última só é permitida para as hipóteses de investigação criminal e de instrução processual penal, que são situações protegidas pelo segredo de comunicação, previsto no art. 5º, XII, CF.

Em consequência, quando o rastreamento do dispositivo eletrônico é feito em tempo real, a medida ficará restrita à justiça criminal, pois envolve um processo de comunicação e haverá maior rigor quando da análise da justificativa da

---

(62) 1. STF — RE 418.416/SC. Rel. Min. Sepúlveda Pertence (DJ 19.12.2006).

medida, em relação à necessidade, à forma, ao alcance, ao tempo da medida, entre outros aspectos[63]. Nos termos do art. 5º, XII, da CF, e da Lei n. 9.296/96, que o regulamentou. Ela especifica o procedimento para interceptação, ao lado de outras hipóteses, previstas na Convenção de Budapeste, no Estatuto da Criança e do Adolescente e na Lei das Organizações Criminosas (Lei n. 12.850/13).

A possibilidade de rastreamento de qualquer pessoa em tempo real é matéria polêmica, pois potencialmente pode ferir o direito à privacidade e à intimidade dos cidadãos. Apesar disso, fato é que a utilização de equipamentos com rastreadores tem sido cada vez mais comum, como, por exemplo: para facilitar a logística operacional de empresas, para viabilizar a utilização de aplicativos como aqueles de transporte ou entrega de comida, para acompanhar um deslocamento, ou por questões de segurança. Este último caso costuma ser utilizado nos dispositivos para monitorar a movimentação de crianças.

Em algumas situações, o rastreamento é de conhecimento da pessoa, como se dá nas relações de emprego em que o veículo ou caminhão é monitorado. Por outro lado, há outras em que as pessoas sequer sabem que estão sendo vigiadas, como ocorreu no caso da empresa *Google*, que estava rastreando usuários que tinham desabilitado a funcionalidade de localização em seus dispositivos[64].

A possibilidade de monitoramento simultâneo também já foi enfrentada em julgamentos da seara laboral, sendo que houve situações em que a conduta foi considerada arbitrária e abusiva, enquanto em outras foi admitida, desde que justificada e informada ao trabalhador previamente.

No caso de ofício às operadoras de telefonia para solicitação de dados captados pelas estações rádio base, os dados fazem parte do processo de comunicação, no entanto, não estão protegidos com o segredo de comunicação, porque o processo comunicativo já terminou. Na Espanha, observa-se que, na jurisprudência, tanto do Tribunal Constitucional (TC) quanto do Supremo Tribunal (TS), vem se fortalecendo a noção de que a proteção ao processo de comunicação, conforme o art. 18.3 da Constituição Espanhola (CE), deixa de ser aplicável uma vez que esse processo é concluído, sem comprometer, contudo, a proteção assegurada pelas normas que garantem o direito à privacidade e à proteção de dados pessoais (Martín, 2018).

---

(63) No capítulo 6 serão apresentadas várias decisões estrangeiras que abordaram o tema.

(64) Segundo reportagem da BBC News, a empresa teve que pagar multa no valor de 391 milhões de dólares em razão desse procedimento, constatado em dezenas de estados americanos. Disponível em: https://www.bbc.com/portuguese/internacional-63647284. Acesso em 05 out. 2024.

As informações de geolocalização obtidas por meio dos sinais da Estação Rádio Base (ERB) não constituem comunicação telefônica e, portanto, não estão protegidas pelo art. 5º, inciso XII, da Constituição Federal. Além disso, sua utilização não é regulada pela Lei n. 9.296/96. A ERB representa a tecnologia que possibilita a telecomunicação, integrando-se à comunicação telefônica como parte da infraestrutura e do meio de transmissão da informação, sem, contudo, se confundir com ela. Tanto é assim que o legislador, no art. 13-B, §2º, inciso I, do Código de Processo Penal, proíbe o acesso ao conteúdo das comunicações, mesmo quando a localização de vítimas e suspeitos é autorizada durante a investigação de crimes como o tráfico de pessoas (Castadelli, 2021).

Nota-se, assim, que os contornos protetivos em torno dos dados envolvidos no processo de comunicação não estão bem definidos, conforme se nota pelos instigantes debates já inaugurados no julgamento do RE 1.301.250. No entanto, é preciso que sejam interpretados em consonância com a realidade atual e a difícil missão de bem equacionar o direito fundamental do segredo e o devido processo legal e seus corolários.

5.2 REQUISITOS DE VALIDADE DA PROVA DIGITAL

O que torna a prova confiável é saber que não foi adulterada e é capaz de demonstrar a sua origem, autoria e data. No caso da prova documental, esta perde sua fé quando a autenticidade for impugnada e enquanto não se comprovar sua veracidade, nos termos do artigo 428, I, do CPC. Se se tratar de uma fotografia ou qualquer outra reprodução mecânica, como a cinematográfica, a fonográfica ou de outra espécie, a prova terá aptidão para demonstrar os fatos ou as coisas representadas, se a sua conformidade com o documento original não for impugnada pela parte contrária.

O mesmo raciocínio se aplica às reproduções eletrônicas de fatos ou coisas, os quais serão tidos por comprovados se a exatidão dessas reproduções não tiver sido impugnada, conforme se extrai da leitura do artigo 225 do Código Civil. O ônus de comprovar a falsidade de um documento ou seu preenchimento abusivo será de quem a arguir, mas se a impugnação disser respeito à autenticidade, esta responsabilidade será da parte que produziu o documento, na forma do artigo 429 do CPC.

Esses preceitos sobre a validade da prova digital são importantes, pois muitas vezes discute-se a validade desse meio de prova nos processos judiciais, sem saber, inicialmente, se houve alguma impugnação e, neste caso, qual foi o seu teor específico. Isso porque as alegações fáticas não impugnadas precisamente presumem-se verdadeiras.

Portanto, não há que se questionar a validade de um *print* de tela do *Waze*, *Google Maps* ou *WhatsApp*, por exemplo, se a questão fática que se pretendia comprovar restou incontroversa. Para essas situações de documento não impugnado, torna-se irrelevante a discussão sobre cadeia de custódia ou existência de metadados, pois esses recursos se tornam desnecessários.

Os requisitos de validade da prova digital terão relevância quando estes aspectos forem questionados em razão de a prova produzida ter sido impugnada de forma fundamentada. Exemplo disso são registros que não possuem autoria, data ou algum elemento que demonstre a origem do documento e sua temporalidade. Como a prova digital não é revestida de materialidade e pode ser facilmente corrompida, há alguns elementos que devem ser observados, em razão das suas características.

São características das provas digitais a imaterialidade, a fragilidade e volatilidade e a dispersão (Kist, 2024). Denise Vaz (2012) acrescenta também a suscetibilidade de clonagem e necessidade de intermediação de equipamento para ser acessada. Essas características geram uma desconfiança em relação ao seu valor probante, já que pode facilmente ser adulterada e, nesse caso, dificilmente a alteração será perceptível.

Em razão das características das provas digitais é que a doutrina estabelece os requisitos que devem ser observados para que a prova seja válida, aí incluídas técnicas que assegurem que a prova esteja realmente em seu formato original e não tenha sofrido nenhum tipo de adulteração.

São requisitos de validade da prova digital: a autenticidade, a integridade e a preservação da cadeia de custódia (Thamay e Tamer, 2020). Esses requisitos também estão mencionados na norma ABNT NBR ISO/IEC 27037:2013, que dispõe sobre tecnologia da informação, técnicas de segurança e diretrizes para identificação, coleta, aquisição e preservação de evidências digitais.

O objetivo da norma internacional é a padronização de métodos aceitáveis em todo o mundo para assegurar a integridade da prova, visando à sua admissão em processos judiciais. Para tanto, menciona procedimentos que envolvem a identificação, coleta, aquisição e preservação da prova digital.

A autenticidade é definida no artigo 4º, VII, da Lei de Acesso à Informação (Lei n. 12.527/2011), como a "qualidade da informação que tenha sido produzida, expedida, recebida ou modificada por determinado indivíduo, equipamento ou sistema". Ela tem um aspecto subjetivo, relacionado à identificação da autoria, no sentido de esclarecer quem é o autor do fato que se pretende demonstrar e tem também um aspecto objetivo que diz respeito à origem da prova, que revelará a fonte pela qual a prova foi produzida, armazenada ou transmitida (Yamada, 2022).

A autoria pode ser comprovada de diversas maneiras, como pela chave ICP Brasil, ou pelo processo de autenticação de duas etapas e até mesmo por testes biométricos, que conseguem identificar a autoria de um fato pela forma como a pessoa digita, a pressão colocada no teclado, ou a velocidade do arraste do *mouse*.

O Código de Processo Civil (Lei n. 13.105/2015) delineou, de maneira geral, as normas para produção, comunicação, armazenamento, validação e registro dos atos processuais eletrônicos e digitais (artigo 193). Nele também estão especificados os requisitos necessários para a autenticidade, integridade, temporalidade, não repúdio, conservação e confidencialidade no registro de atos eletrônicos (artigos 195 e 411, II).

A integridade da prova diz respeito a quatro aspectos: completude, imutabilidade, temporalidade e credibilidade. O artigo 4º, VIII, da Lei n. 12.527/2011 a define como "qualidade da informação não modificada, inclusive quanto à origem, trânsito e destino". O requisito da integridade deve-se à característica da fragilidade dessa prova digital, que pode facilmente ser alterada.

A respeito dos elementos que tornam a prova digital íntegra, a completude significa que a prova deve ser apresentada integralmente. Por exemplo, a parte não pode apresentar aos autos apenas um trecho de uma mensagem, omitindo o restante que não lhe interessa. Ou, em outra situação, apresentar dados de geolocalização de apenas um dia, deixando de mostrar outros que não lhe são favoráveis ou que inviabilizam a compreensão do contexto. Um exemplo disso ocorre com frequência com as atas notariais, nas quais o tabelião atesta apenas o que foi solicitado pelo cliente.

A imutabilidade diz respeito à comprovação de que a prova está intacta e corresponde exatamente ao seu modelo original, não tendo sofrido nenhuma alteração, exclusão ou acréscimo. O código *hash* e a chave ICP-Brasil são ferramentas que podem ser utilizadas para garantir essa imutabilidade.

Quanto à temporalidade, é importante comprovar que a prova se refere a um determinado marco temporal, demonstrando o dia e horário em que o fato ocorreu. Há situações em que são juntados documentos sem data ou *prints* de tela sem nenhum carimbo temporal, o que torna impossível identificar que tal prova se refere exatamente ao fato que se quer demonstrar. Nesse sentido, tem sido recorrente a utilização de fotografias extraídas de redes sociais como meio de prova em processos em que se questiona o momento em que ela foi tirada e se a data da postagem faz presumir que se refere à mesma oportunidade.

Quanto à credibilidade, significa que a prova tem que ser confiável e compreensível, a ponto de transmitir segurança para as partes e julgadores sobre os elementos nela representados.

Finalmente, sobre a cadeia de custódia, Thamay e Tamer a definem como "o processo de preservação da autenticidade e integridade da prova digital durante todas as etapas da sua produção (requisição, admissão, realização). Essas fases incluem a identificação, coleta, extração de resultados, até a apresentação no processo ou procedimento de destino".

O Código de Processo Penal, em seu artigo 158-B, indica que a cadeia de custódia é composta das dez seguintes fases: reconhecimento, isolamento, fixação, coleta, acondicionamento, transporte, recebimento, processamento, armazenamento e descarte. No entanto, o dispositivo se aplica para as peculiaridades do processo criminal, em que há um crime cuja cena e todos os vestígios devem ser preservados. Nos processos cíveis e trabalhistas, a análise da validade da prova deve partir da impugnação realizada, não sendo exigidos os mesmos rigores do processo penal sobre a cadeia de custódia.

Além disso, é possível utilizar os parâmetros da norma NBR ISO/IEC 27037:2013, que dispõe que a preservação da cadeia de custódia possui três elementos: auditabilidade, confiabilidade e publicidade. A auditabilidade significa que toda atividade realizada na produção de uma prova digital deve ser documentada e estar disponível para a avaliação das partes envolvidas e, se necessário, de um terceiro independente. Assim, é possível revisar as ações e replicar os resultados.

A confiabilidade diz respeito à credibilidade em relação à autenticidade e integridade das provas digitais, com vistas à segurança jurídica. Por fim, a publicidade decorre do fato de que os processos judiciais são públicos, assim como os atos processuais, o que também deve ocorrer no campo probatório, com exceção de processos que tramitam em segredo de Justiça.

A questão da confiabilidade da prova digital perpassa sempre pela possibilidade de sua adulteração, o que também pode ocorrer com qualquer outro meio de prova. Documentos podem ser adulterados, perícias podem ser invalidadas, testemunhos podem não ser confiáveis.

O ponto forte da prova digital, inclusive para dados de geolocalização, é que, se por um lado pode ser adulterada, por outro, essa adulteração também pode ser identificada. Segundo a Teoria de Locard ou Princípio da Troca de Locard (Holperin e Leobons, s.d.), sempre que qualquer pessoa entra em contato com o local do crime, leva algo, mas também deixa algo. Para o mundo virtual, esse raciocínio também é aplicável, pois tudo que é feito na internet deixa rastros, ainda que sejam difíceis de serem revelados.

No momento em que o magistrado cotejar a prova digital produzida com o objeto da impugnação, delimitará com precisão o ponto controvertido e, a partir daí, poderá determinar a realização de provas complementares para formar sua convicção sobre o valor probante de determinado documento, bem como as consequências de sua adulteração.

Por exemplo, se os dados de geolocalização forem impugnados porque em determinado dia o aparelho celular que transitou por uma estação rádio base estava na assistência técnica, bastará identificar se os dados obtidos estão vinculados ao IMEI do aparelho. Se o autor do fato disser que esqueceu o aparelho celular em um local específico, no qual não estava, bastará oficiar ao *WhatsApp* e buscar os IPs dos logins de acesso ao aplicativo nesse mesmo período.

Nesse sentido, é importante mencionar que o Tribunal Regional do Trabalho da 12ª Região foi pioneiro em criar um núcleo de provas digitais, vinculado à Secretaria de Execução, o qual dá suporte ao magistrado para análise das provas digitais produzidas. Neste setor, é feita a análise de integridade básica de dados de geolocalização que a parte extrai do seu histórico de localização da conta *Google*.

Uma das maneiras pelas quais tal verificação é feita é a ferramenta *Veritas*, a qual disponibiliza na aba "outros dados", informações a respeito da data de criação da conta *Google*, desde quando está habilitado o histórico de localização, se há arquivos ou períodos que foram deletados, indicando a data da exclusão e períodos apagados. Os arquivos em formato registro do arquivo interno do *Google Takeout* (tombstone.csv) indicam uma lista de eventos cujos dados foram apagados e exibem um carimbo temporal, não só do momento da remoção, mas também do período removido.

No caso de a parte efetuar a modificação de local, por exemplo, na análise semântica do arquivo Json, será possível analisar se houve algum tipo de edição. Se a informação for "não confirmada a edição" significa que o arquivo registro do local não foi adulterado. Por outro lado, caso alguma edição tenha sido realizada, aparecerá a informação "edição confirmada".

A figura abaixo, por exemplo, foi extraída de um processo real, em que a parte apagou arquivos de um determinado período, após a data da determinação judicial para que apresentasse os dados.

Arquivo HTML

#	Conta Google	Data de Criação	Tamanho do arquivo	Arquivos no zip
1	@hotmail.com	4 de jun. de 2024, 11:32:15 GMT-7	menos de 1 MB	Settings.json Tombstones.csv Configurações do veículo elétrico.json 1691357713477.json Lugares que você segue na região.csv Perguntas e respostas.json Pratos produtos e atividades adicionados.json Solicitações de serviços.json Comentários.json

Arquivo tombstone

#	Data de Requisição para Remoção	Data de Início da Remoção	Data Final da Remoção
1	15/05/2024 15:01	01/01/1970 00:00	15/05/2024 15:01

Finalmente, não é demais ressaltar que, a depender da adulteração realizada, será possível determinar a realização de perícia forense para identificar data e conteúdo modificados, municiando o magistrado de informações para valorar a prova produzida, tendo em vista, especialmente, a conduta das partes e o princípio da persuasão racional.

6 A geolocalização nos tribunais

A discussão sobre a licitude na obtenção de dados de geolocalização não se limita ao direito penal, onde seu uso é mais comum, especialmente em investigações de crimes em que esses dispositivos desempenham papel fundamental. Ainda assim, a relevância da geolocalização começa a emergir, embora com menor frequência, em processos administrativos, trabalhistas e cíveis. A possibilidade de seu uso para elucidar fatos nestas áreas suscita questões peculiares e desafiadoras, exigindo uma abordagem que respeite a natureza e os princípios específicos de cada ramo do direito processual.

No entanto, os fundamentos desenvolvidos no direito processual penal para a obtenção de provas digitais, onde a teoria se consolidou pioneiramente, oferecem subsídios valiosos para os demais ramos do Direito. Embora não seja possível adotar integralmente os critérios e requisitos da prova penal em processos cíveis e trabalhistas, é inegável que os precedentes penais, assim como suas fundamentações, servem como guia inicial. Mas não se pode perder de vista que, enquanto no processo penal a investigação pode partir de pessoas indeterminadas, nos demais ramos processuais, a busca de evidências digitais envolve pessoas certas e fatos controvertidos bem delineados.

Neste capítulo, será apresentado um panorama das decisões mais relevantes nos âmbitos criminal, cível e trabalhista, além de uma análise de decisões judiciais internacionais paradigmáticas, que colaboram para a construção de um quadro sólido para a utilização dos dados de geolocalização como prova.

6.1 PROCESSOS CRIMINAIS

O aumento exponencial dos acessos à internet provocou uma mudança significativa nos hábitos de vida das pessoas. A pandemia da Covid-19 também foi um acelerador desse costume de utilização da internet de forma intensa, pois, durante o período de isolamento social, as pessoas passaram a utilizar esse meio de comunicação para os atos mais simples da vida, como fazer compra no supermercado, fazer ginástica, conversar com familiares, por meio de vídeo chamadas, e trabalhar.

Nesse contexto, surgiu o fenômeno da ciberdeliquência, definida por Kist (2024), como o uso do ciberespaço para a prática de crimes ou para novas modalidades de preparação e consumação. Esses crimes podem estar previstos em tipos penais tradicionais, que apenas se valem de um novo meio, ou podem ser condutas lesivas que não se encaixam nos tipos penais tradicionais (Kist, 2024).

Wendt e Jorge (2012), ao classificar os cibercrimes, os resumem em condutas indevidas praticadas por computador e/ou dispositivos móveis, as quais se dividem em dois tipos: ações prejudiciais atípicas, que são aquelas praticadas por meio de dispositivos informáticos e que não estão previstas penalmente, mas causam prejuízo ou transtorno para a vítima, e crimes cibernéticos, que podem ser abertos ou exclusivamente cibernéticos. Os abertos são crimes tradicionais, que podem ser cometidos com ou sem o uso de um dispositivo (por exemplo, crimes contra a honra, fraude, estelionato, tráfico de drogas, extorsão, falsa identidade). Já os exclusivamente cibernéticos dependem necessariamente de um dispositivo para serem praticados, como se dá no caso da invasão do dispositivo informático, aliciamento de crianças em salas virtuais de internet, interceptação ilegal de sinais, divulgação de cena de estupro de vulnerável por meio de sistema de informática, entre outros.

Diariamente, há notícias de perfis de redes sociais que são clonados, mensagens via *WhatsApp*, solicitando dinheiro ou outro tipo de engenharia social utilizada para escolher vítimas ou para se aproximar delas para, em seguida, perpetrar o crime. No caso de fraude por meio eletrônico, a Lei n. 14.155/2021 criou um tipo penal específico quando "a fraude é cometida com a utilização de informações fornecidas pela vítima ou por terceiro induzido a erro por meio de redes sociais, contatos telefônicos ou envio de correio eletrônico fraudulento, ou por qualquer outro meio fraudulento análogo".

Há, também, diversas situações em que dados armazenados em dispositivos auxiliam a desvendar crimes. Por exemplo, no caso da morte de Henry, um aplicativo instalado no celular do acusado mostrou que ele se movimentou na data da morte do menino, no horário compreendido entre 1h41min e 1h52min, dando 81 passos e percorrendo 61 metros. Esses dados contradisseram a versão dos acusados de que nesse horário assistiam a uma série e, em seguida, pegaram no sono (Serra, 2021).

No âmbito do Direito Processual Penal, os crimes cibernéticos também trouxeram outros problemas, como a definição do local do crime, a jurisdição competente, além de outras dificuldades relacionadas ao procedimento probatório, como a prova da materialidade e a determinação da autoria (Kist, 2024).

Em relação à competência territorial, por exemplo, a regra geral é a do local da consumação do crime (artigo 70, do CPP). No entanto, para as hipóteses previstas no 171 do Código Penal, o legislador a excepcionou para que passasse a ser o local do domicílio da vítima, nos casos de depósito, mediante emissão de cheques sem suficiente provisão de fundos ou com o pagamento frustrado ou mediante transferência de valores.

O processo penal foi pioneiro na utilização de provas digitais para tentar combater esses delitos, especialmente no caso de crimes relacionados ao terrorismo (como se deu em Londres, nos anos de 2004 e 2005, ou nos Estados Unidos, em 2001) ou de crimes graves praticados por organizações criminosas. Para tanto, têm sido utilizadas técnicas especiais de investigação (TEI) ou meios especiais de obtenção de prova, como métodos de vigilância eletrônica e acesso a dados telemáticos e a inteligência de sinais(65) (Aras, 2023).

Aras (2023) explica que o rastreamento digital de pegadas eletrônicas deixadas pelo suspeito no ciberespaço é realizado no Brasil há muito tempo. Todavia, a obtenção de dados das antenas de operadoras de telefonia e o chamado cerco digital, que são formas de vigilância eletrônica conhecidas nos Estados Unidos, respectivamente como *tower dump* e *geofence*, têm suscitado muitas discussões neste país e na União Europeia, tendo em vista o potencial de violação aos direitos fundamentais.

São espécies de vigilância eletrônica: campanas assistidas por equipamentos eletrônicos e rastreamento telemático de suspeitos determinados, acesso a dados de tráfego e de conexão de certos pontos de acesso à telefonia móvel ou à internet, acesso aos dados de conexão a serviços de provedores ou de aplicações de Internet. Para ilustrar, citam-se os seguintes exemplos: rastreamento de suspeitos por drones, por satélites, por introdução ativa de transmissores de geoposicionamento ou pelo acesso a dados em massa de telefonia celular (*tower dumps*) e a dados GPS, a partir de telefonia móvel, além do acesso aos aplicativos de internet (*geofence*), cujos dados são mais precisos (Aras, 2023).

A vigilância eletrônica está prevista no art. 20.1 da Convenção das Nações Unidas contra o Crime Organizado Transnacional, promulgada no Brasil pelo Decreto n. 5.015/2004 e também no art. 50.1 da Convenção das Nações Unidas

(65) Segundo Aras (2023) a inteligência de sinais é representada pelo acrônimo SIGINT da expressão em inglês *signals intelligence*, que significa a "coleta de inteligência por meio de interceptação de sinais de comunicação entre pessoas ou entre pessoas e dispositivos ou entre estes".

contra a Corrupção, assinada em Mérida, no México, em 9 dezembro de 2003, e promulgada no Brasil pelo Decreto n. 5.687/2006.

Em âmbito nacional, o embasamento legal para as técnicas especiais de investigação encontra-se nos artigos 10, 22 e 23 do Marco Civil da Internet, em relação ao cerco digital (*geofence*) e nos artigos 3º, II e IV e 17 da Lei n. 12.850/2013 e art. 13-B do CPP, para a obtenção de dados armazenados pelas torres (ERB) das operadoras de telefonia. Além disso, a Lei Geral de Proteção de Dados autoriza no artigo 4º, III, "d", o tratamento de dados pessoais, inclusive sensíveis, independentemente de consentimento, quando realizado para fins de atividades de investigação e repressão de infrações penais.

No entanto, é inegável que, no caso das investigações criminais, dada a potencialidade invasiva das técnicas referidas e possível violação de direitos da personalidade, sempre surgirá a discussão em torno da constitucionalidade, proporcionalidade e dos limites a serem observados quando de sua utilização.

A esse respeito, a ADI 5.642 reconheceu a constitucionalidade dos artigos 13-A e 13-B do Código de Processo Penal, sendo que, quanto ao primeiro, por se tratar de dados cadastrais, podem ser entregues diretamente aos órgãos de investigação. Em relação ao segundo, que envolve dados de localização, mas não de acesso ao conteúdo de mensagens e ligações, é necessária a autorização judicial[(66)].

Aras (2023) defende que tais técnicas são compatíveis com a Constituição Federal e com os tratados de direitos humanos dos quais o Brasil é signatário. No entanto, há diversos julgados em que as provas digitais foram declaradas ilícitas por violarem os direitos fundamentais previstos no artigo 5º, X e XII, da Constituição Federal.

Nesse tema, é importante destacar que se encontra pendente de julgamento no Supremo Tribunal Federal o Recurso Extraordinário (RE) 1301250, no qual foi reconhecida a repercussão geral (Tema 1148). O recurso foi interposto pela *Google* contra decisão proferida pelo Superior Tribunal de Justiça. Ele analisará os limites para a decretação judicial da quebra de sigilo de dados telemáticos, mais especificamente, a obtenção de dados de telefonia, o cerco digital e, também, os dados sobre termos de busca que envolvem o homicídio da então vereadora Marielle Franco e seu motorista, Anderson Gomes.

---

(66) A decisão se deu por maioria de seis votos contra cinco, tendo prevalecido o voto do Relator Ministro Edson Fachin. Os ministros Marco Aurélio, Rosa Weber, Gilmar Mendes, Cristiano Zanin e dias Tóffoli apresentaram votos divergentes. Informações disponíveis em: https://www.stf.jus.br/arquivo/cms/noticiaNoticiaStf/anexo/Informaosociedade.ADI5642.art.13Ae13BdoCPPrev.LC_FSP11.pdf. Acesso 24 out. 2024.

No caso citado acima, inicialmente, os investigadores rastrearam 2.428 torres de telefonia, que estavam no trajeto percorrido pela vereadora na noite do crime, o que levou a um número de mais de trinta e três mil números de linhas de aparelhos celulares. Porém, por meio da análise das imagens de câmeras descobriram o carro utilizado no crime, cuja placa havia sido clonada e, a partir desse dado, obtiveram junto à montadora de automóveis a informação de que havia 443 veículos daquele modelo no Rio de Janeiro. E mais, o vídeo também revelou que dentro desse carro havia uma pessoa utilizando o celular no banco de trás. Logo, a partir do horário da gravação dessas imagens, a investigação passou a procurar quais aparelhos teriam sido utilizados na região naquele momento, o que reduziu o número de investigados de 33 mil para apenas 318.

No acórdão prolatado pelo Superior Tribunal de Justiça, que foi objeto do Recurso Extraordinário, ficou claro que o requerimento para obtenção dos arquivos digitais de registros de conexão ou acesso a aplicações de internet e eventuais dados pessoais a eles vinculados configura a quebra de dados estáticos, que já estavam armazenados, hipótese que não se confunde com as interceptações das comunicações. Reconheceu-se que, nos termos dos artigos 22 e 23 do MCI, para que o magistrado possa requisitar os dados pessoais armazenados, basta que haja indício da ocorrência do ilícito, a justificativa da utilidade da requisição e o período ao qual se referem, sendo que não é exigível a identificação da pessoa alvo da investigação até porque a identificação do terminal ou do usuário é exatamente o objetivo da medida. Por fim, consignou-se que a medida é adequada, necessária e proporcional em sentido estrito, tendo em vista sua finalidade de apurar crime doloso contra a vida.

Até o momento, houve prolação do voto da relatora ministra Rosa Weber, que acolhia o Recurso Extraordinário, propondo a seguinte tese:

> À luz dos direitos fundamentais à privacidade, à proteção dos dados pessoais e ao devido processo legal, o art. 22 da Lei n. 12.965/2014 (Marco Civil da Internet) não ampara ordem judicial genérica e não individualizada de fornecimento dos registros de conexão e de acesso dos usuários que, em lapso temporal demarcado, tenham pesquisado vocábulos ou expressões específicas em provedores de aplicação.

No entanto, o Ministro Alexandre de Moraes apresentou voto divergente, negando provimento ao Recurso Extraordinário e validando a ordem judicial, que determina a quebra do sigilo dos dados, tendo sido acompanhado pelo Ministro Cristiano Zanin. A tese proposta pelo ministro foi a seguinte:

> 1) É constitucional a requisição judicial de registros de conexão ou de registros de acesso a aplicações de internet para fins de investigação criminal ou instrução processual penal, desde que observados os requisitos previstos no artigo 22 da Lei n. 12.965/2014 (Marco Civil da Internet), quais sejam: (a) fundados indícios de ocorrência do ilícito; (b) justificativa motivada da utilidade dos registros solicitados para fins de investigação ou instrução probatória; (c) período ao qual se referem os registros.
>
> 2) A ordem judicial poderá atingir pessoas indeterminadas, desde que determináveis a partir de outros elementos de provas obtidos previamente na investigação e que justifiquem a medida.

Atualmente, o julgamento aguarda o voto do Ministro André Mendonça, que pediu vistas dos autos no dia 16 de outubro de 2024. Na sequência, os demais ministros também votarão. Apesar disso, como não houve determinação de suspensão dos processos que analisam situações semelhantes, são inúmeros casos em que a obtenção de dados de geolocalização tem sido questionada nos tribunais superiores e tem prevalecido o entendimento de que, na maioria dos casos, especialmente em casos graves, é proporcional a medida. A tabela abaixo traz um resumo de julgados recentes do STJ e do STF a esse respeito.

CASO EM ANÁLISE	RESUMO DA DECISÃO	PROCESSO DE REFERÊNCIA
Quebra de sigilo telefônico das ERBs e dados de GPS do *Google Maps* e Apple Maps, em locais específicos.	Autorizado o acesso aos dados de geolocalização, por serem essenciais a investigação de homicídio.	STJ — AgRg no RMS n. 72.137/SP STJ — AgRg no RMS n. 69.366/SP STJ — AgRg no RMS n. 67.104/MA STJ — AgRg no RMS n. 68.487/PE STJ — AgRg no RMS n. 65.268/RJ STJ — AgRg no RMS n. 67.093/MT

CASO EM ANÁLISE	RESUMO DA DECISÃO	PROCESSO DE REFERÊNCIA
Quebra de sigilo telemático para coletar dados de geolocalização dos usuários em áreas específicas durante os crimes.	Autorizou o acesso aos dados de geolocalização, para identificar os suspeitos de três crimes de latrocínio. Houve limitação da área e período temporal.	STJ — AgRg no RMS n. 67.386/RJ
Quebra de sigilo de dados de localização de pessoas não identificadas em um local e período específicos.	Validade da quebra de sigilo para obter os dados de geolocalização, mesmo de pessoas não identificadas, em uma investigação de homicídio, considerando a delimitação a um local e período específicos.	STJ — AgRg no AREsp n. 1.792.430/GO
Legalidade do uso de geolocalização e monitoramento de comunicações como prova.	Confirmada a validade dos dados de geolocalização como prova da liderança do acusado em atividades de tráfico de drogas, mantendo a prisão preventiva.	STF — HC 200355 MC, rel. Min. Marco Aurélio
Quebra de sigilo e dados de geolocalização de um e-mail.	Negado o acesso aos dados de geolocalização, para identificar o autor de uma denúncia anônima.	STF — Rcl 68057, rel. Min. Cármen Lúcia
Legalidade da apreensão de um celular e o uso de dados de geolocalização de uma máquina POS sem autorização judicial.	A justiça considerou a obtenção dos dados de geolocalização sem mandado judicial uma prova potencialmente ilícita, violando a privacidade e impactando a validade da prova.	STF — HC 234751
Quebra de dados de geolocalização de um reeducando para contestar uma acusação de falta grave.	Negado o pedido de acesso aos dados de geolocalização do reeducando, considerando que a defesa teve outras oportunidades de apresentar provas e que a medida não se mostrava necessária nesse contexto.	STF — HC 222949, rel.

CASO EM ANÁLISE	RESUMO DA DECISÃO	PROCESSO DE REFERÊNCIA
Quebra de sigilo de dados como e-mails, fotos, histórico de navegação.	Restringiu o acesso aos dados de geolocalização, para investigação de homicídio, limitando-o aos registros de IPs.	STJ — AgRg no RMS n. 68.119/RJ.
Quebra de sigilo e acesso a dados de geolocalização.	Restringiu o acesso aos dados de geolocalização, limitando-o ao escopo da investigação da CPI e à relevância para a mesma.	STF — MS 38061 STF — MS 38038 MC
Legalidade da coleta de dados de geolocalização sem autorização judicial.	Invalidade do uso dos dados de geolocalização coletados sem autorização judicial, como prova no caso de roubo e extorsão.	STF — Rcl 64069 STF — ARE 1501693

Da observação dos processos analisados pelas cortes superiores, verifica-se que a discussão se dá em relação ao conflito entre o direito constitucional à prova, de um lado, e o direito fundamental à privacidade, proteção de dados e segredo de comunicações, por outro. Nesse sentido, correta é a lição de Aras (2023), de que a ponderação de interesses deve ser realizada de maneira que a criminalidade grave, especialmente quando violenta, não fique impune, sem prejuízo da adoção de medidas que minimizem as interferências estatais sobre direitos humanos fundamentais.

É muito importante que a análise sobre a violação dos direitos fundamentais à privacidade, à proteção de dados e ao segredo de comunicações seja feita considerando-se a indispensabilidade da prova e, também, a extensão do prejuízo que a medida acarretará para o investigado, especialmente nos casos em que há outros elementos probatórios que o ligam ao crime. Neste aspecto, é importante fazer a distinção entre os dados estáticos de geolocalização, que apontam a localização de um dia e horário determinado no passado, e os dados que estão sendo transmitidos, estes sim, mais invasivos.

A depender da gravidade da infração penal, a proteção dos direitos fundamentais do investigado poderá ser mitigada, pois há, do outro lado, um bem jurídico de maior importância a ser protegido. Portanto, o resguardo da privacidade, dados pessoais e segredo de comunicação não podem servir como escudo para que o causador do dano se veja livre de responsabilização pelos seus atos.

6.2 PROCESSOS CÍVEIS

No âmbito do direito processual civil, as provas digitais também têm sido utilizadas nas mais diversas situações, como, por exemplo, nos casos de postagens em redes sociais para comprovar a capacidade econômica da parte, para praticar ofensas ou divulgar *fake news*. Ademais, também por meio de expedição de ofícios aos aplicativos para solicitar dados cadastrais para localizar o endereço de executados ou requeridos(67), além de várias outras situações cotidianas.

Atualmente, há sensores que monitoram jogadores de futebol(68), e já aconteceu de robôs aspiradores gravarem imagens íntimas de seus proprietários, que, inclusive, foram parar no *Facebook* (Gonçalves, 2022). No Reino Unido, uma atleta foi desclassificada porque a organização do evento descobriu, por meio do sistema de rastreamento da maratona, que ela utilizou um veículo para se deslocar durante a corrida, percorrendo quatro quilômetros em apenas um minuto (Mendes, 2023).

Em relação à geolocalização, como meio de prova em processos cíveis, a doutrina e jurisprudência ainda são incipientes, no entanto, são diversas as possibilidades em que tais dados podem ser úteis para comprovar um fato ou reforçar a ocorrência ou não de um evento. Locadoras de veículo podem comprovar a quantidade de quilômetros rodados ou velocidade(69), conviventes podem demonstrar união estável, além de outras situações.

Nos autos do processo n. 1073038-82.2024.8.26.0100, que tramitou na comarca de São Paulo, uma locadora de veículos juntou contrato no qual há a previsão de que os veículos são equipados com aparelho que rastreia e transmite geolocalização e telemetria, monitorando o veículo por vinte e quatro horas.

Em outras ações, ajuizadas em face de aplicativos de transportes, os motoristas são desativados da plataforma sob alegação de fraude. Em alguns casos, por manipularem o GPS para interferir nos ganhos decorrentes do trabalho como motoristas de aplicativos(70) e, em outro, por utilizarem dois

(67) No Paraná, a decisão proferida pelo Tribunal de Justiça, nos autos 0022820-94.2020.8.16.0000, autorizou que fossem oficiados os aplicativos de entrega para obter dados cadastrais de endereço do requerido.

(68) Segundo Rosa (2022), os jogadores utilizam coletes sob a camisa, por meio dos quais é possível aferir a velocidade, a acelarção e a distância percorrida pelos jogadores durante uma partida.

(69) Embora a legalidade da medida seja questionável, já foi objeto de discussão nos Estados Unidos, quando e empresa cobrou um valor do motorista que ultrapassou 140 Km/h. Notícia disponível em: https://mundogeo.com/2001/06/29/locadora-usa-gps-para-espionar-motoristas/. Acesso em 26 out. 2024

(70) Processos 1049292-91.2024.8.26.0002, 1018446-13.2023.8.26.0007. No mesmo sentido TJSP. Apelação Cível1020690-40.2023.8.26.0224; Relator (a): REGIS RODRIGUES BONVICINO;Órgão Julgador: 21ª Câmara de Direito Privado; Foro de Guarulhos — 3ª Vara Cível; Data do Julgamento: 30/04/2024; Data de Registro: 30/04/2024.

aparelhos celulares quase ao mesmo tempo para acessarem o aplicativo de locais distintos[71].

Em pesquisa[72] ao banco de sentenças do Tribunal de Justiça de São Paulo, foram encontradas 13.197 decisões de primeiro grau que continham a palavra "geolocalização". Em sua maioria, são ações em que se questionam a contratação de empréstimos para aposentados. Em alguns casos, como nos autos 0013231-17.2024.8.26.0564, em que se discutia a contratação de serviços de telefonia, a não apresentação de dados de geolocalização pela requerida *Claro S.A.* também foi utilizada para concluir pela não contratação dos serviços.

Numa ação de indenização por danos morais e materiais decorrentes de um acidente de trânsito (processo 9067958-08.2018.8.13.0024), o Juiz utilizou dados obtidos do GPS para, juntamente com outros elementos, concluir que não houve colisão de um veículo com um ônibus, rejeitando os pedidos após confrontar tais dados com outros elementos de prova.

Em outra situação, foi afastada a alegação de irregularidade da representação processual, porque a procuração foi outorgada por meio eletrônico e os dados de geolocalização extraídos coincidem com a residência do autor que a outorgou (processo nº 1004993-51.2024.8.26.0609). No mesmo sentido, foi a decisão do Tribunal de Justiça de São Paulo, num caso em que havia indícios de prática de advocacia predatória, em causas envolvendo transporte aéreo. Foi reconhecida a regularidade da procuração, sendo que um dos fundamentos utilizados foi que o relatório da ferramenta utilizada para realizar a assinatura eletrônica apresentou dados de geolocalização e IP do dispositivo[73].

Atualmente, é muito comum a celebração de contratos eletrônicos e transações bancárias por meio de aplicativos, sendo certo que estes registram a localização do usuário, até mesmo por medida de segurança. Essas entidades de crédito costumam adotar um protocolo para minimizar os riscos que envolvem as

---

(71) No processo 1012217-79.2022.8.26.0554, o autor fez login na plataforma por meio de um aparelho que estava em Guarulhos e, ao ser solicitado o envido de uma foto (*selfie*), foi detectado que a foto foi enviada instante depois por um dispositivo que estava na cidade de Santo André-SP, no endereço da residência do autor.

(72) A pesquisa foi realizada no dia 26 de outubro de 2024, utilizando o termo de busca "geolocalização" no banco de dados do TJ, disponível em: https://esaj.tjsp.jus.br/cjpg/pesquisar.do?conversationId=&dadosConsulta.pesquisaLivre=geolocaliza%C3%A7%C3%A3o&tipoNumero=UNIFICADO&numeroDigitoAnoUnificado=&foroNumeroUnificado=&dadosConsulta.nuProcesso=&dadosConsulta.nuProcessoAntigo=&classeTreeSelection.values=&classeTreeSelection.text=&assuntoTreeSelection.values=&assuntoTreeSelection.text=&agenteSelectedEntitiesList=&contadoragente=0&contadorMaioragente=0&cdAgente=&nmAgente=&dadosConsulta.dtInicio=&dadosConsulta.dtFim=&varasTreeSelection.values=&varasTreeSelection.text=&dadosConsulta.ordenacao=DESC#. Acesso em 26 out. 2024.

(73) Agravo de Instrumento n. 2183470-63.2024.8.26.0000. Rel. Jonize Sachhi de Oliveira, julgado em 31.07.2024..

fraudes eletrônicas e outros tipos de crimes cibernéticos, no entanto, nem sempre os danos são evitados. Recentemente, o Tribunal de Justiça de São Paulo condenou uma instituição a restituir ativos financeiros sacados da conta da autora, sob fundamento de que enquanto a API de criação da conta indicava a geolocalização em Florianópolis, cidade de residência do autor, o acesso supostamente praticado por *hackers* foi feito por um novo dispositivo, cujo IP estava localizado em Los Angeles e cadastrado em lista pública de fraudes(74).

A verdade é que ao baixar um aplicativo no aparelho celular, é comum que apareça a opção de concordar com o compartilhamento da geolocalização. Neste momento, o usuário concorda com essa cláusula, pois a outra opção que tem é a de não utilizar os serviços que, em certas situações, são imprescindíveis para a pessoa (por exemplo, ao receber um *link* de pagamento).

No entanto, há um aspecto muito relevante que precisa ser destacado, que é o fato de, nas entrelinhas dos termos e serviços dessas aplicações, constarem cláusulas que autorizam a empresa a compartilhar os dados de geolocalização e diversos outros com seus parceiros comerciais, cujo número é indefinido e certamente abrange milhares de pessoas e empresas.

No caso do *Facebook*, são armazenados os sinais do dispositivo, incluindo GPS, pontos de acesso de *wi-fi* e *bluetooth*, *beacons* e, ainda, das ERBs (estações rádio base). Nessa rede, há uma cláusula dispondo que as informações coletadas (não se sabe ao certo quais) são compartilhadas nos demais produtos da *Meta*, com seus parceiros integrados e com terceiros. Esses terceiros incluem todos os perfis que veiculam anúncios nos produtos da *Meta*, empresas que ela contrata para comercializar seus produtos ou para atender seus clientes.

Portanto, deduz-se que os dados dos usuários da rede social, inclusive aqueles que revelam a geolocalização do usuário, podem ser compartilhados com um número indeterminado de pessoas físicas ou jurídicas que forem consideradas "parceiras" do *Facebook*. Essa possibilidade torna questionável a recusa dessas empresas em fornecer informações solicitadas pelo Poder Judiciário e, mais, torna mais questionável ainda a definição da real expectativa de privacidade que o usuário tem.

Note-se que para a obtenção de dados de geolocalização das torres de telefonia e dos aplicativos, é necessária uma autorização judicial, inclusive na hipótese de crimes como aquele objeto do processo no qual foi reconhecida a Repercussão Geral no STF (Tema 977). Neste, em que o criminoso que bateu a cabeça de uma

(74) Processo: Apelação Cível n. 1020628-21.2022.8.26.0002. Rel. Ana Maria Baldy, Julgado em 05.08.2024.

senhora no chão várias vezes e depois fugiu deixando cair o aparelho celular, mas para o compartilhamento de dados que, inclusive, são capazes de formar um perfil do usuário, mediante indexação de seus dados, basta a adesão aos termos e serviços que o mesmo, muitas vezes, sequer lê.

A utilização da internet para divulgar fatos da vida privada se tornou parte da cultura da sociedade informacional, sendo inegável que, nesses casos, a expectativa de privacidade foi mitigada. Logo, existindo um ilícito, seja ele de que natureza for, a justificativa para a obtenção dos dados de geolocalização é medida adequada e justificável.

6.3 PROCESSOS TRABALHISTAS

No ano de 2021, a Justiça do Trabalho instituiu o Programa Provas Digitais, com a finalidade de auxiliar o magistrado na instrução processual. Desde então, têm sido realizados sucessivos treinamentos aos juízes e servidores para conhecerem melhor as ferramentas relacionadas à geolocalização, postagem em redes sociais, palavras-chave ou *tags*, biometria, raspagem de dados, conversas em aplicativos de mensageria e varredura em grandes bancos de dados (TST).

Em relação à geolocalização, no ano de 2021, o tribunal regional do trabalho da 12ª Região criou uma ferramenta para leitura de dados de geolocalização, denominada *Veritas*. Ela faz leitura de dados de geolocalização obtidos de duas maneiras: por meio de arquivos do histórico de localização, extraídos da conta *Google* ou do *Google Maps*, e por meio de dados das coordenadas geográficas e outros dados de conexão fornecidos por operadoras de telefonia.

A partir daí, passou a existir um grande interesse de magistrados e advogados em conhecer como esses dados podem ser úteis para o deslinde de causas trabalhistas. E os exemplos são dos mais variados, a saber: situações de cumprimento de aviso prévio, habitualidade em casos de discussão de vínculo empregatício ou mesmo situações pontuais em que a parte alega que esteve em algum local durante o contrato de trabalho.

Pesquisa realizada na ferramenta Falcão[75] de busca de jurisprudência, que reúne julgados de cinco tribunais regionais do trabalho, apontou[76] que a palavra "geolocalização" foi encontrada em 1624 sentenças e 1589 acórdãos, dos quais

(75) A ferramenta de busca de jurisprudência Falcão Jurisdata Science tem em seu banco de dados decisões de cinco tribunais regionais do trabalho, da 5ª, 9ª, 14ª, 15ª, e 24ª Região e também do TST, do STJ e STF. Disponível em: https://jurisprudencia.jt.jus.br/jurisprudencia-nacional/pesquisa. Acesso em: 20 out. 2024.

(76) A pesquisa foi realizada no dia 20 de outubro de 2024 e utilizou como termo de busca a expressão "geolocalicação".

apenas 806 contém ementa. Dentro dessas decisões com ementas, 25 foram proferidas em sede de Mandado de Segurança contra o juiz de primeiro grau que deferiu ou indeferiu a obtenção de dados de geolocalização.

Analisando-se essas decisões, constatou-se que dez delas não tinham relevância para fins de análise do mérito do deferimento ou indeferimento da prova consistente na obtenção de dados de geolocalização e, por isso, foram desprezadas. E, das quinze decisões restantes, oito não autorizaram a produção de prova consistente na obtenção de dados de geolocalização do trabalhador, enquanto sete concluíram pelo seu deferimento.

Todas as decisões que indeferiram a obtenção de dados de geolocalização fundamentaram que tal proceder ofende o direito à privacidade do trabalhador e algumas mencionaram também que haveria violação ao direito à intimidade e sigilo de correspondência e das comunicações. Uma delas mencionou[77] que se a empresa possuir outros meios de prova para comprovar o fato controvertido referente à jornada, não se justifica sacrificar o direito à privacidade e intimidade do trabalhador.

Decisões de outros tribunais regionais[78] também mencionaram a questão da privacidade e intimidade do trabalhador como justificativa para o indeferimento da obtenção dos dados de ERB para comprovar a jornada. No Tribunal Regional do Trabalho da 8ª Região, a relatora Giorgia Lima Pitman decidiu[79] que "deve ser afastada esse tipo de prova", especialmente quando há outras provas como cartões de ponto e testemunhas.

No TRT da 1ª Região, foi proferida uma decisão[80] interessante, a qual concedeu apenas parcialmente a liminar para manter a decisão que deferiu a produção de prova consistente na obtenção de dados de geolocalização, mas determinou que os dados fossem restringidos ao horário da jornada alegada pela impetrante (a parte autora).

---

(77) Tribunal Regional do Trabalho da 5ª Região (Dissídios Individuais II). Acórdão: 0001660-97.2022.5.05.0000. Relator(a): EDILTON MEIRELES DE OLIVEIRA SANTOS. Data de julgamento: 08/05/2023. Juntado aos autos em 09/05/2023. Disponível em: https://link.jt.jus.br/h9hO7F

(78) TRT da 8ª Região; Processo: 0000501-63.2022.5.08.0121 ROT; Data: 10/08/2023; Órgão Julgador: 2ª Turma; Relator: GEORGIA LIMA PITMAN, TRT da 8ª Região; Processo: 0000090-92.2022.5.08.0000 AgRT; Data: 23/03/2022; Órgão Julgador: Especializada I; Relator: GABRIEL NAPOLEAO VELLOSO FILHO, TRT-4 — MSCIV:00208556120235040000, Relator: ANDRE REVERBEL FERNANDES, Data de Julgamento: 23/05/2023, 1ª Seção de Dissídios Individuais.

(79) Processo: 0000501-63.2022.5.08.0121 ROT; Data: 10/08/2023; Órgão Julgador: 2ª Turma; Relator: GEORGIA LIMA PITMAN.

(80) TRT-1 — MSCIV: PROCESSO nº 0100094-35.2022.5.01.0000 (MSCiv), Relator: CLAUDIA MARIA SÄMY PEREIRA DA SILVA, Data de Julgamento: 01/09/2022, 1ª Seção de Dissídios Individuais 2.

No TRT da 15ª Região, ao analisar a existência de cerceamento de defesa, no caso de indeferimento da prova por parte do banco reclamado, a decisão[81] proferida pelo Desembargador Samuel Hugo Lima destacou três pontos relevantes: o primeiro no sentido que a obtenção de dados de geolocalização das operadoras de telefonia é admissível no processo do trabalho; o segundo que, por implicar em colisão com o direito à intimidade e privacidade, devem ser observadas as regras da utilidade, proporcionalidade e razoabilidade à luz do caso concreto; e o terceiro, que, se a parte reclamada afirma que havia registros de *login* e *logout* no sistema e optou por não apresentar os relatórios de tais dados que só ela tem, ela não pode querer expor dados sensíveis do trabalhador.

Essas decisões chamam a atenção para alguns aspectos. Inicialmente, em relação à privacidade e intimidade do trabalhador, é importante destacar que se o autor afirmou que naquele horário estava no local de trabalho, não há nenhuma expectativa de privacidade se os dados obtidos forem restritos à jornada alegada. Nesse sentido, a decisão proferida pelo C. Tribunal Superior do Trabalho foi muito clara ao dizer que em razão do dever de colaboração as partes têm a obrigação de expor os fatos em Juízo conforme a verdade, de modo que só haverá ofensa à privacidade se o trabalhador não cumprir com esse dever processual[82].

Sobre a não existência de aquiescência do empregado, conforme exposto anteriormente, o tratamento de dados pessoais poderá ser feito para o exercício regular de direitos em processo judicial, administrativo ou arbitral (art. 7º, VI), bem como fica autorizado, nessas mesmas situações, quando se tratar de dados sensíveis, mesmo sem o consentimento do titular, desde que o tratamento seja indispensável para esse exercício não só em processos judiciais, mas também numa relação contratual (art. 11, II, “d”).

Em relação ao fundamento de que há outros elementos de prova aptos a comprovar a jornada, como os cartões de ponto e a prova testemunhal, o fato é que é de conhecimento de todos que atuam na Justiça do Trabalho, que não raro a parte reclamante impugna os controles de ponto, sob fundamento de que eles não retratam a realidade. Assim agindo, o autor atrai para si o ônus de comprovar que os documentos mencionados não são fidedignos.

O problema é que a prática forense evidencia que não raro a prova fica dividida, pois as testemunhas convidadas pelo autor ratificam a tese da petição inicial e aquelas convidadas pela empresa confirmam a tese patronal. Logo, se o julgador

(81) TRT 15ª Região, 5ª Câmara, proc. 0010411-62.2019.5.15.0077, julg. 23/08/2022, Rel. Des. Samuel Hugo Lima.

(82) Processo: ROT — 23218-21.2023.5.04.0000, da Subseção II Especializada em Dissídios Individuais do C. TST. Rel. Min. Amaury Rodrigues Pinto Junior.

for julgar com apenas esses elementos, ele terá que julgar pelo ônus da prova e a decisão poderá ser até desfavorável ao trabalhador. Assim, como o julgador não pode decidir com base na dúvida, é prudente que determine a realização de provas complementares, pois, como afirma Vitor de Paula Ramos, "o estado não pode colocar o selo de sua autoridade numa decisão proferida com base numa análise falha dos fatos".

Também é importante considerar que, em determinadas situações, a prova digital pode ser a única da qual as partes dispõem e não cabe ao julgador definir qual será a prova que as partes vão produzir, pois, de acordo com o princípio da ampla liberdade probatória, previsto no artigo 369 do CPC, são admitidos todos os meios de prova lícitos, ainda que não especificados em lei. Exemplo disso ocorreu nos autos do processo nº 0010553-36.2021.5.15.0129 (do TRT 15) em que o trabalhador morreu e foi indeferida a prova consistente na obtenção de geolocalização pelo juiz de primeiro grau, que negou o vínculo empregatício. No Recurso Ordinário, foi anulada a sentença, que reconheceu o cerceamento de defesa, tendo em vista a dificuldade da parte autora de produzir provas em razão do falecimento do trabalhador.

Recentemente, o Tribunal Superior do Trabalho foi instado a se pronunciar a respeito da obtenção de dados de geolocalização para comprovação da jornada de um bancário. Na ocasião, o juiz de primeiro grau deferiu a produção da prova, mas o trabalhador impetrou Mandado de Segurança para cassar essa ordem[83], tendo obtido decisão favorável ao seu pleito. Em consequência, a parte reclamada, que é uma instituição bancária, interpôs Recurso de Revista no Mandado de Segurança, o qual foi relatado pelo ministro Amaury Rodrigues Pinto[84].

A decisão proferida no âmbito da Subseção II Especializada em Dissídios Individuais, contou com a participação de nove julgadores, tendo acompanhado o relator os ministros Douglas Alencar Rodrigues, que juntou voto convergente, Morgana Richa, Sérgio Pinto Martins, Liana Chaib e Dora Maria da Costa. Foram vencidos os Ministro Aloysio Corrêa da Veiga, que apresentou voto divergente, a Desembargadora Convocada Margareth Rodrigues Costa e o Ministro Luiz José Dezena da Silva.

---

(83) É bom lembrar que no Processo do Trabalho, nos termos do artigo 893, parágrafo primeiro, as decisões interlocutórias não são recorríveis de imediato, mas apenas por ocasião da decisão definitiva, razão pela qual admite-se o Mandado de Segurança em tais casos.

(84) Processo autuado no TST sob o número ROT — 23218-21.2023.5.04.0000. Disponível em: https://consultaprocessual.tst.jus.br/consultaProcessual/consultaTstNumUnica.do?consulta=Consultar&conscsjt=&numeroTst=23218&digitoTst=21&anoTst=2023&orgaoTst=5&tribunalTst=04&varaTst=000&submit=Consultar. Acesso em 26 out. 2024.

A decisão foi no sentido de conceder a segurança, de forma parcial, para que a prova de geolocalização fosse limitada aos dias e horários apontados na petição inicial como sendo de trabalho realizado. Também houve a determinação de que o processo tramitasse em segredo de justiça, a fim de restringir essas informações às partes e ao juiz da causa. No dia 05.07.2024 houve interposição de Recurso Extraordinário e no dia 19.08.2024 foram apresentadas as contrarrazões, tendo sido este o último andamento do processo, até o fechamento desta edição.

A decisão toca em pontos sensíveis do arcabouço constitucional protetivo aos direitos da personalidade, em relação a, pelo menos, três aspectos: i) ao dizer que não há violação de sigilo telemático e de comunicações porque a proteção constitucional prevista no artigo 5º, XII somente se aplica à comunicação de dados e não aos dados em si; ii) ao reconhecer que a ponderação dos interesses em conflito (de um lado a proteção de dados e de outro o direito ao contraditório e ampla defesa) revela-se adequada, necessária e proporcional, passando pelo escrutínio da validade das provas digitais; iii) ao concluir que a obtenção de dados do trabalhador só invade a intimidade se ele tiver faltado com a verdade e não tiver exposto os fatos em Juízo conforme a verdade, já que a prova se limitará à jornada declinada na exordial. Para isso, o julgado exaltou que o Tribunal Regional do Trabalho da 12ª criou a ferramenta *Veritas*, que possibilita a inserção de filtros para que os dados da geolocalização se restrinjam ao período e horários alegados na petição inicial.

Demais disso, a decisão também destaca, no item 12 da ementa, o desenvolvimento de sistemas e treinamento dos magistrados para manusearem novas tecnologias. Elas são ações institucionais da Justiça do Trabalho essenciais para que se cumpra a promessa constitucional de edificação de uma sociedade mais justa (CF, 3º, I), razão pela qual censurar a produção dessas mesmas provas para os quais foram treinados, "seria uma enorme incoerência".

Em relação ao caráter supletivo dessa prova, o Min. Douglas Alencar Rodrigues apresentou declaração de voto convergente, no qual destacou que a prova digital não deve ser tratada como apenas suplementar; ela precisa assumir o protagonismo na instrução probatória trabalhista, devido à sua precisão, enquanto a prova testemunhal passa a ser complementar. Segundo ele, o objetivo não é escolher uma prova menos gravosa, mas sim garantir uma prova mais segura e fiel. Esse tipo de prova favorece a efetividade do processo e para o cumprimento do mandamento constitucional de acesso à ordem jurídica justa. Ela beneficia o trabalhador, ao comprovar a jornada cumprida e, também, o empregador, ao demonstrar a regularidade de seus registros de jornada e pagamentos.

A prova digital não deve ser utilizada apenas como um recurso suplementar, mas sim assumir o protagonismo na instrução probatória trabalhista, dada a precisão que oferece, relegando à prova testemunhal um caráter secundário. Esse tipo de prova contribui para a efetividade do processo e para o cumprimento do direito constitucional de acesso à justiça justa, beneficiando tanto o trabalhador quanto o empregador na comprovação de suas alegações.

A realidade é que a sociedade está passando por uma fase de transição. Muitos dos que leem esse livro agora, fazem parte da última geração que nasceu antes da internet o que certamente interfere na visão de mundo. E aqui não se está a dizer que os direitos fundamentais não devem ser protegidos, muito pelo contrário, defende-se que ao aplicar as leis, o juiz atenderá aos fins sociais e às exigências do bem comum, na forma do artigo 8º do CPC. Logo, para ambas as partes, deverá resguardar e promover a dignidade da pessoa humana e observar a proporcionalidade, a razoabilidade, a legalidade, a publicidade e a eficiência.

Porém, o que ocorre é que a sociedade está passando por uma transformação e a incursão dos meios digitais na vida das pessoas tomou uma dimensão nunca imaginada. Consequentemente, essa digitalização dos atos da vida traz consequências, inclusive quando se questiona o conceito de privacidade, cujos contornos terão que ser redefinidos.

Agora, nesse contexto de uma sociedade hiperconectada, é impensável um Poder Judiciário que não se atualize e que não utilize a tecnologia em prol de melhorar a qualidade da prestação jurisdicional. Isso inclui julgar com provas robustas que se não esgotam as possibilidades probatórias, pelo menos buscam alcançar as provas mais assertivas, não por meio de atos inquisitórios ou arbitrários, mas por meio dos recursos tecnológicos disponíveis para que se atribua, de fato a cada um o que é seu.

Há alguns anos, a prova testemunhal era o principal meio de prova na Justiça do Trabalho, o que certamente já levou a julgamentos equivocados seja para prejudicar, seja para favorecer o trabalhador. Isso ocorreu porque há lapsos de memória, há subjetivismo na forma de lembrar das coisas e reproduzi-las verbalmente, há nervosismo ou mesmo má-fé (de ambos os lados de uma relação processual). Mas era o que havia até então.

Agora, nessa fase histórica, da sociedade informacional, argumentar pela afastabilidade das provas digitais, sem analisar pormenorizadamente as circunstâncias fáticas, é o mesmo que insistir em percorrer uma longa distância a cavalo, para não usar o avião porque tem risco de queda. O que se espera do Judiciário é que esteja atento, seja proativo e imparcial, comprometido não com os interesses de um ou de outro, mas sim com a verdade, que é o que se espera quando se pensa numa decisão justa.

6.4 AS DECISÕES ESTRANGEIRAS

A discussão em torno da licitude desse tipo de prova não se limita ao território brasileiro. Alguns precedentes paradigmáticos, especialmente do Tribunal Europeu dos Direitos Humanos e da Suprema Corte americana são citados como referência em vários países quando o tema é a licitude da prova digital.

Tanto no caso Carpenter v. United States quanto no Uzun v. Alemanha, a questão em torno da utilização de dados, que revelam a geolocalização, se deu no contexto de processos criminais. Portanto, não se podem transportar seus fundamentos integralmente para processos cíveis e trabalhistas, pois cada ramo do direito processual é regido por princípios próprios e tem diferentes peculiaridades. No entanto, por ser no direito processual penal que a teoria sobre as provas digitais se desenvolveu pioneiramente, os precedentes mencionados e seus fundamentos de decidir trazem valiosos subsídios que orientarão as demais áreas do Direito.

Além dos precedentes citados, serão abordados outros de países da Europa e América Latina, que não se restringem ao Direito Processual Penal e demonstram que o tema está na pauta do dia, em razão da dificuldade generalizada de adaptar os ordenamentos jurídicos vigentes às demandas da sociedade atual, ponderando a proteção dos direitos fundamentais dos cidadãos quando há uma colisão de princípios.

6.4.1 Estados Unidos da América

A jurisprudência norte americana, inicialmente, interpretava a Quarta Emenda[(85)] em uma perspectiva de direito de propriedade (Zayas, 2024). No ano de 1967, entretanto, com o caso *Katz v. United States (*389 U.S. 347 (1967)), introduziu-se a essa interpretação a expectativa razoável de privacidade, que é aquela considerada razoável pela sociedade. A situação envolveu gravações de conversas telefônicas do réu em cabines telefônicas.

O réu foi condenado pela acusação de ter transmitido informações de apostas por telefone pelas fronteiras estaduais em violação às normas norte-americanas.

---

(85) *Fourth Amendment: "The right of the people to be secure in their persons, houses, papers, and effects, against unreasonable searches and seizures, shall not be violated, and no Warrants shall issue, but upon probable cause, supported by Oath or affirmation, and particularly describing the place to be searched, and the persons or things to be seized".* Disponível em: https://constitution.congress.gov/constitution/amendment-4/#:~:text=The%20right%20of%20the%20people,and%20the%20persons%20or%20things. Acesso em: 25 out. 2024.

As escutas telefônicas foram realizadas por agentes do FBI, que puseram dispositivo de escuta e gravação do lado de fora da cabine telefônica, que originaram as ligações. Em grau recursal, o Tribunal de Apelações confirmou a condenação, concluindo pela não violação da quarta emenda, haja vista não ter ocorrido a entrada física na área ocupada pelo réu.

Na Suprema Corte, a decisão foi no sentido de que a escuta violou a privacidade do envolvido, pois ele confiou que ela seria mantida ao utilizar a cabine telefônica, configurando uma "busca e apreensão" na perspectiva da quarta emenda, que abrange não apenas algo tangível, mas gravações orais também (caso *Silverman* v. Estados Unidos, 365 U.S. 505,511. p. 353). Ademais, ressaltou-se que essa emenda protege não apenas lugares, mas também pessoas.

Passados cerca de trinta anos, no caso *United States v. Jones* (565 U.S. 400 (2012)), no ano de 2012, a Suprema Corte julgou uma situação envolvendo instalação de GPS, por mandado, no veículo da esposa de Jones, rastreando-o por vinte e oito dias. Com isso, ele acabou sendo acusado por conspiração para tráfico de drogas. A Corte destacou que a fixação desse aparelho para monitoramento constituiu uma busca, na ótica da quarta emenda, e esta protege a expectativa razoável de privacidade.

No ano de 2014, a Suprema Corte dos Estados Unidos da América (EUA)[(86)] julgou o Caso *Riley v. California* (573 U.S. 373 (2014)), em que Riley, ao ser parado em uma infração de trânsito, acabou sendo preso por porte de arma. Naquele momento, um policial o revistou e apreendeu seu celular, acessando o que nele existia, identificando uma repetição de termo associado a gangue de rua. Ao chegar na delegacia, após duas horas, o detetive examinou o conteúdo digital e encontrou vídeos e fotografias, que embasaram a acusação do Estado da Califórnia contra ele, conectando-o ao tiroteio ocorrido semanas antes e à filiação de gangue.

Riley insurgiu-se contra as evidências obtidas, mas o Tribunal de primeira instância e o de Apelações da Califórnia negaram a moção apresentada. Ao chegar na Suprema Corte, a decisão foi no sentido de que os policiais não poderiam ter acessado informações digitais em telefone celular apreendido de um indivíduo que foi preso. A realização de uma busca sem mandado só será razoável se estiver na exceção específica da Quarta Emenda.

Nessa perspectiva de novas tecnologias com uso do celular, no ano de 2018, a Suprema Corte decidiu a respeito das conexões das antenas de rádio ao celular,

---

(86) Riley v. California (573 U.S. 373 (2014)). *Supreme Court of the United States*. Disponível em: https://www.supremecourt.gov/opinions/boundvolumes/573BV.pdf. Acesso em: 25 out. 2024.

no que se chama de "varredura de torres de celular" (Carpenter v. United States (585 U.S. 296 (2018)). A cada conexão do telefone a uma torre, há um registro com carimbo de data/hora, que são armazenados pelas operadoras de telefonia. Para investigação de determinado roubo, o FBI (Federal Bureau of Investigation) obteve os números dos celulares de vários suspeitos, e os promotores obtiveram ordens judiciais para obtenção dos mencionados registros.

Um dos suspeitos era Timothy Carpenter, e o Governo conseguiu obter 12.898 pontos de localização, possibilitando mapear o seu movimento no período de 127 dias, em uma média de 101 pontos por dia. Carpenter insurgiu-se contra o acesso a esses dados, alegando violação à Quarta Emenda, mas o Tribunal Distrital rejeitou o pedido e o réu foi condenado.

Ao chegar na Suprema Corte, ela decidiu que o Governo não obteve um mandado fundamentado em causa provável, e sim uma ordem judicial para ter acesso aos registros. Concluiu-se que Carpenter possuía expectativa de privacidade em seus movimentos, e os registros obtidos abrangiam uma vigilância quase perfeita, como associações familiares, políticas, profissionais, religiosas e sexuais. Ao destacar que o celular faz parte da sociedade moderna, a Corte citou o caso *Riley v. California*, destacando que mais de 90% dos adultos norte-americanos carregam o celular.

Um aspecto relevante a ser destacado nesse caso Carpenter é a chamada doutrina de terceiros, que surgiu a partir dos anos 1970, que é o fato de que, quem compartilha voluntariamente seus dados com terceiros, ao acessar sítios eletrônicos, não têm expectativa razoável de privacidade(87). A utilização dessa doutrina no mundo digital tem sido objeto de crítica, mas é tida como uma das limitadoras da privacidade. O caso julgado tem relação com o histórico de navegação coletado por *cookies* de terceiros, pois este histórico é detalhado, com coleta involuntária, assim como ocorre com a localização extraída das torres de telefonia. Com isso, surge o entendimento de que o acesso a esse rastreamento depende de mandado, pois os usuários da internet têm expectativa razoável de privacidade desses dados (Zayas, 2024).

A sua relevância pode ser mais evidenciada pelo fato de, enquanto o acesso à conteúdo de comunicações eletrônicas depende de mandado judicial, essa exigência não se aplica ao histórico de navegação por *cookies* de rastreamento. Essa situação está relacionada à doutrina de terceiros, pela não expectativa razoável de privacidade daquilo compartilhado voluntariamente com terceiros. A crítica dessa

(87) *Third Party Doctrine*. Disponível em: https://ij.org/issues/ijs-project-on-the-4th-amendment/third-party-doctrine/. Acesso em: 26 out. 2024.

doutrina se dá pelo fato de ela ter se desenvolvido em período analógico, e não na era digital (Zayas, 2024).

Sobre essa doutrina de terceiros, a Suprema Corte dos Estados Unidos, no ano de 1982, a enfrentou, no caso Estados Unidos v. *Knotts* (460 U.S. 276 (1982)). Neste processo, houve o reconhecimento de uma expectativa limitada de privacidade na localização de alguém. A situação envolveu a suspeita de que Armstrong comprava clorofórmio para fabricar drogas ilícitas. Com isso, agentes da polícia de Minnesota, em acerto com um vendedor, colocaram um bipe, que era transmissor de rádio, no interior de um recipiente vendido ao suspeito.

Após três dias de monitoramento da cabana, os policiais obtiveram mandado de busca, descobrindo o recipiente e um laboratório de drogas, com produtos químicos e fórmulas para produção de anfetamina, e Armstrong foi preso. Ele tentou se opor às evidências obtidas, mas o Tribunal o condenou por conspirar para fabricar substâncias controladas. Todavia, o Tribunal de Apelações reverteu entendendo que o monitoramento do bipe violava a quarta emenda.

Ao chegar na Suprema Corte, ela decidiu que monitorar sinais de bipe não invade expectativa de privacidade, não se caracterizando busca ou apreensão na perspectiva da quarta emenda. A Corte equiparou o monitoramento do bipe ao de um automóvel seguido em vias públicas, destacando que, nesta situação, quem trafega dentro dele não tem expectativa razoável de privacidade nos movimentos.

No alinhamento do caso *Knotts*, em 1984, houve o processo judicial *United States v. Karo et al*[(88)], em que um agente da *Drug Enforcement Administration* (DEA) havia descoberto que Karo (468 U.S. 705 (1984)) e outros encomendaram éter para extrair cocaína de roupa importada para os Estados Unidos da América. Com autorização judicial, um bipe foi instalado e monitorado em latas de éter, que, ao final, ocasionou a prisão dos investigados. Nas fases recursais, o mandado judicial para instalação do bipe foi considerado inválido, contaminando a consequente apreensão. Sobre o caso, a Suprema Corte decidiu que o monitoramento de um bipe em residência privada, em local não aberto à vigilância visual, viola os direitos da quarta emenda.

Todavia, uma prática que vem ocorrendo nos EUA é a da *geofence* ou busca reversa. No bairro de Gainsville, Flórida, Zachary McCoy monitorava seus passeios de bicicleta, pelo aplicativo *Runkeeper*, até que, em 14 de janeiro de 2020, por tais movimentos foi considerado suspeito de certo roubo local. Ele fora notificado pelo

---

(88) United States v. *Karo et al* (468 U.S. 705 (1984)). *Supreme Court of the United States*. Disponível em: https://tile.loc.gov/storage-services/service/ll/usrep/usrep460/usrep460276/usrep460276.pdf. Acesso em: 29 out. 2024.

Google para em sete dias dirigir-se ao tribunal, sob o risco de ter suas informações relacionadas à sua conta divulgadas para polícia. Após gastar elevada quantia com advogado, conseguiu bloquear o acesso aos dados (Harvard, 2024).

Nos EUA, a prática de usar mandados de *geofence* vem sendo realizada por governos estaduais e federal, no Arizona, Flórida, Maine, Minnesota, Nova York, Carolina do Norte, Texas, Virgínia, Washington, Wisconsin, entre outros. Com isso, a polícia tem tido acesso a milhares de dados. Nos anos de 2017 e 2018, o aumento de mandados de *geofence* foi de mais de 1.500%, e entre 2018 e 2019, mais de 500%. Em uma semana, a *Google* chegou a receber até 180 solicitações (Harvard, 2024).

O *geofence* consiste no chamado cerco digital, por meio do qual delimita-se uma região específica e investigam-se todos que nela estão, pois todos podem ser considerados suspeitos de um crime. São pessoas indeterminadas e por isso o potencial de violação à privacidade dos investigados é maior. Já no caso de processos cíveis e trabalhistas, a obtenção de dados de torres de telefonia refere-se a uma pessoa determinada e tem por objetivo elucidar um fato controvertido pontual e bem definido, como, por exemplo, se o contratante de um empréstimo estava no local em que foi firmada a assinatura digital ou se o trabalhador estava no local de trabalho em determinado horário. Portanto, são situações distintas.

6.4.2 Alemanha

No ano de 2010, o Tribunal Europeu de Direitos Humanos (*application* n. 35623/05) julgou o primeiro caso de vigilância eletrônica por GPS. Na Alemanha, o Sr. Uzun e um suposto cúmplice começaram a ser investigados por um ataque a bomba, que a chamada Célula Anti-Imperialista reivindicou a responsabilidade. Inicialmente, eles eram vigiados por vídeos no prédio onde moravam, grampos telefônicos e transmissores no carro, mas, após terem destruído os transmissores e evitarem falar pelo telefone, um receptor de GPS foi instalado no carro do Sr. Uzun, para obter a localização do carro, cujo monitoramento durou de dezembro de 1995 a fevereiro de 1996, quando foram presos.

Em 1999, os réus foram condenados a 13 anos de prisão, por tentativa de homicídio e quatro acusações de causar explosão, com evidências que incluíam dados obtidos do GPS, e o Sr. Uzun recorreu insurgindo-se contra esses dados de vigilância. Em janeiro de 2001, o Tribunal Federal de Justiça rejeitou o recurso, e, em 2005, a Corte Constitucional Federal Alemã rejeitou o recurso apresentado, destacando que a vigilância ocorrida foi proporcional à gravidade dos delitos.

No julgamento, o Tribunal Europeu dos Direitos Humanos destacou que, em nenhum julgado nacional houve dúvidas quanto à vigilância via GPS, e que a coleta e a armazenagem identificavam o paradeiro e movimentos na esfera pública. Isso permitiu estabelecer o padrão da movimentação, conduziu investigações adicionais e coletou informações complementares, concluindo a Corte que a interferência na vida privada ocorreu, sem violar o artigo 8º[(89)] da Convenção Europeia de Direitos Humanos.

A Corte destacou que a vigilância transcorreu de acordo com o Código de Processo Penal Alemão e em local público, interferindo menos em sua vida privada, com poucas informações sobre a conduta, opiniões e sentimentos de uma pessoa. A decisão ressaltou que, na lei nacional, há padrões rigorosos para autorização da vigilância por GPS, que, inclusive, somente poderia ocorrer por uma pessoa suspeita de crime de considerável gravidade, e isso ocorrer. Ademais, ressaltou que o caso estava sob controle judicial, concluindo, por unanimidade, que não houve violação ao mencionado artigo 8º, e nem ao artigo 6º, § 1[(90)].

6.4.3 França

No ano de 2018, o Tribunal Europeu de Direitos Humanos (*application* n. 31446/12) julgou um caso da França, que tratou de medidas de vigilância contra Mohamed Ben Faiza, em que houve a geolocalização em seu veículo e ordem judicial para registro de operadora de telefonia, em investigação criminal que o envolvia em crime de tráfico de drogas. Havia um contexto de processos criminais para importação de drogas em grupo organizado, com conspiração criminosa e lavagem de dinheiro.

Com relação à primeira medida, a Corte entendeu que houve violação ao artigo 8º da Convenção Europeia de Direitos Humanos. O entendimento foi que

---

(89) Convenção Europeia de Direitos Humanos: "ARTIGO 8º Direito ao respeito pela vida privada e familiar 1. Qualquer pessoa tem direito ao respeito da sua vida privada e familiar, do seu domicílio e da sua correspondência. 2. Não pode haver ingerência da autoridade pública no exercício deste direito senão quando esta ingerência estiver prevista na lei e constituir uma providência que, numa sociedade democrática, seja necessária para a segurança nacional, para a segurança pública, para o bem-estar económico do país, a defesa da ordem e a prevenção das infracções penais, a protecção da saúde ou da moral, ou a protecção dos direitos e das liberdades de terceiros." Disponível em: https://www.echr.coe.int/documents/d/echr/Convention_POR. Acesso em: 24 out. 2024.

(90) Convenção Europeia de Direitos Humanos: "ARTIGO 6º Direito a um processo equitativo 1. Qualquer pessoa tem direito a que a sua causa seja examinada, equitativa e publicamente, num prazo razoável por um tribunal independente e imparcial, estabelecido pela lei, o qual decidirá, quer sobre a determinação dos seus direitos e obrigações de carácter civil, quer sobre o fundamento de qualquer acusação em matéria penal dirigida contra ela. O julgamento deve ser público, mas o acesso à sala de audiências pode ser proibido à imprensa ou ao público durante a totalidade ou parte do processo, quando a bem da moralidade, da ordem pública ou da segurança nacional numa sociedade democrática, quando os interesses de menores ou a protecção da vida privada das partes no processo o exigirem, ou, na medida julgada estritamente necessária pelo tribunal, quando, em circunstâncias especiais, a publicidade pudesse ser prejudicial para os interesses da justiça." Disponível em: https://www.echr.coe.int/documents/d/echr/Convention_POR. Acesso em: 24 out. 2024.

a lei francesa, antes da lei de 28 de março de 2014, não indicava com clareza o limite da discricionariedade das autoridades para as medidas de geolocalização em tempo real do veículo do investigado, por meio de um dispositivo GPS, em 3 de junho de 2010.

No que se refere à ordem judicial para operadora de telefonia, o Tribunal decidiu que não houve violação ao mencionado artigo 8º, pois, a despeito da interferência na vida privada do Sr. Ben Faiza, ela ocorreu de acordo com a lei e havia um objetivo legítimo, que era a prevenção da ordem, entre outros. Tal medida apresentou-se como necessária para desmantelar certa operação de tráfico de drogas, garantindo ao réu revisão eficaz durante o julgamento criminal.

6.4.4 Portugal

No ano de 2023, o Tribunal Europeu de Direitos Humanos julgou o caso Affaire Florindo de Almeida Vasconcelos Gramaxo v. Portugal (*application* n. 26968/16). Ele referia-se à instalação de GPS no veículo de empregados contratados como representantes de laboratório, que realizavam visitas a médicos e a entidades. O dispositivo foi instalado no banco traseiro e os dados eram enviados a um sistema profissional de gestão de frota. O empregado levou o caso ao Conselho Nacional de Proteção de Dados (CNPD).

Ocorre que, diante de anomalias evidenciadas, o GPS do veículo do empregado foi submetido à inspeção técnica, sendo constatado que ele não estava funcionando ou estava desativado, tendo o perito indicado que o cartão GSM havia sido removido. A empresa, em parecer, destacou que as avarias existentes no aparelho foram devidas à interferência externa.

Na sequência, foi aberto procedimento disciplinar contra o empregado, que, com base em cruzamento de dados, foi imputado a ele o fato de ter alterado a quilometragem percorrida, para compensar viagens particulares, além da manipulação do aparelho GPS, sendo levado ao seu conhecimento a nota de má conduta, demitindo-o posteriormente. Inconformado, ele impugnou a sua demissão. Entre os vários argumentos, o demitido ressaltou que o GPS não havia sido autorizado pelo CNPD, além de não ser essencial para realização do trabalho, interferindo indevidamente na sua vida privada.

Durante o processo, ressaltou-se que, no âmbito da notificação ao CNPD, foi emitida resolução pelo Conselho que proibia a utilização de sistemas de GPS nos veículos da empresa, haja vista dados de geolocalização serem considerados sensíveis. Posteriormente, nova resolução foi emitida pelo CNPD, autorizando a utilização do sistema de monitoramento, mas não para monitorar o desempenho profissional do trabalhador, nem o utilizar quando o veículo fosse utilizado para fins particulares. Por fim, o Tribunal concluiu, por quatro votos a três, que não houve violação ao artigo 8º da Convenção Europeia de Direitos Humanos, bem como não afetou a equidade no processo.

6.4.5 Diretiva Europeia sobre Retenção de Dados declarada inválida

No ano de 2006, fruto de atentados terroristas ocorridos, o Parlamento Europeu e o Conselho da União Europeia editaram a Diretiva 2006/24/CE(91), relativa à conservação de dados gerados ou tratados no contexto da oferta de serviços de comunicações electrónicas publicamente disponíveis ou de redes públicas de comunicações. Ela estabelecia, em seu artigo 6º, que os dados especificados no artigo 5º, de companhias de telecomunicações, deviam ser conservados por período não inferior a seis meses e não superior a dois anos, no máximo, a contar da comunicação.

Todavia, no ano de 2014, com base em artigos da Carta dos Direitos Fundamentais da União Europeia, a Corte da União Europeia(92) declarou inválida essa Diretiva. Entre os vários fundamentos apresentados para essa decisão, destaca-se o fato de a norma não apresentar critérios objetivos para garantir que seja limitada ao que for necessário, bem como por não ser clara e precisa quanto ao alcance dos direitos fundamentais. Ademais, considerou-se também o fato de a norma não garantir a destruição dos dados ao final do lapso temporal de conservação.

6.4.6 Argentina

No ano de 2012, na Argentina, na cidade de Buenos Aires, a Câmara Nacional de Apelaciones del Trabajo julgou o caso Pavolotzki Cláudio y otros c/ Fischer Argentina S.A. s/ Juicio sumaríssimo. Ele referiu-se à inserção de localizadores GPS nos pedidos do cliente, que possibilitou ao empregador tomar conhecimento em tempo real da localização geográfica dos empregados (*Poder Judicial de la Nación, 2024*).

O entendimento da Câmara confirmou o entendimento do primeiro grau de jurisdição, que destacou que a implantação de um novo *software* ocasionou uma inadmissível intromissão na esfera íntima e privada dos demandantes, violando direitos e garantias constitucionais, normativas nacionais e internacionais. Destacou-se também que a lei de proteção de dados pessoais estabelece a necessidade

(91) Parlamento Europeu e do Conselho Europeu. Directiva 2006/24/CE. Disponível em: https://eur-lex.europa.eu/legal-content/PT/TXT/PDF/?uri=CELEX:32006L0024. Acesso em: 24 out. 2024.

(92) Corte da União Europeia. Acórdão do Tribunal de Justiça. Disponível em: https://eur-lex.europa.eu/legal-content/PT/TXT/PDF/?uri=CELEX:62012CJ0293. Acesso em: 24 out. 2024.

do consentimento do titular da informação para que se possa determinar a sua obtenção.

6.4.7 México

No México, no ano de 2014, a Suprema Corte de Justiça julgou a ação de inconstitucionalidade n. 32/2012, cujo tema foi geolocalização, proposta pela Comissão Nacional de Direitos Humanos (CNDH). Nela, foi discutida a questão da privacidade diante da segurança nacional e o papel do Estado para o enfrentamento da delinquência. O objeto da ação foi o artigo 133 do Código Federal de Procedimentos Penais e dispositivos da Lei Federal de Telecomunicações.

Essas normas possibilitam a localização de um equipamento móvel, associado a uma linha telefônica, quando houver envolvimento com certos tipos de crime, como crime organizado. A fundamentação da ação foi que tais normas violam o direito humano à intimidade ou à vida privada, além de ferir a legalidade e a segurança jurídica. Todavia, por maioria de 8 x 4, a Corte entendeu pela sua constitucionalidade, mantendo a possibilidade de obtenção de localização.

Posteriormente, no ano de 2014, a CNDH e o Instituto Federal de Acesso à Informação Pública e de Proteção de Dados, ajuizaram a ação de inconstitucionalidade n. 10/2014. Nesta, foram questionadas várias disposições do Código Nacional de Procedimentos penais, que, entre elas, estava o artigo 303 que possibilitava a localização em tempo real de equipamentos móveis em investigação pelo Ministério Público. No ano de 2018, a Corte julgou o caso e decidiu pela inconstitucionalidade do artigo, por entender que a geolocalização sem controle judicial prévio pode violar a intimidade e a privacidade.

Referências

ABLAS, Barbara. *O que é VPN?* Saiba como funciona, como usar, os riscos e mais dúvidas. Disponível em: https://www.techtudo.com.br/listas/2024/01/o-que-e-vpn-saiba-como-funciona-como-usar-os-riscos-e-mais-duvidas-edsoftwares.ghtml. Acesso em: 05 out. 2024.

ABOSO, Gustavo Eduardo. *Evidencia digital en el Proceso Penal.* IBdef: Buenos Aires, 2023.

ABRUSIO, Juliano *et al. Dados de geolocalização e a investigação do caso Marielle.* Disponívelem:https://www.conjur.com.br/2020-jul-07/direito-digital-dados-geolocalizacao-investigacao-marielle/. Acesso em: 06 out. 2024.

ALECRIM, Emerson; HIGA, Paulo. *Qual* é *a diferença entre GPS, GLONASS e Galileo?* Entenda os sistemas de navegação via satélite. Disponível em: https://tecnoblog.net/responde/diferenca-gps-glonass-galileo/. Acesso em: 02 out. 2024.

ALECRIM, Emerson; MARQUES, Ana. *Bluetooth:* o que *é,* como funciona e quais são versões da tecnologia? Disponível em: https://tecnoblog.net/responde/o-que-e-bluetooth/. Acesso em: 04 out. 2024.

ALECRIM, Emerson; MARQUES, Ana. *Bluetooth 5.0 ao 5.4:* conheça os benefícios e diferenças de cada versão. Disponível em: https://tecnoblog.net/responde/diferencas-entre-versoes-bluetooth-5/. Acesso em: 04 out. 2024.

ARAYA, Daniel. *A Web 3.0* é *uma revolução de dados?* Disponível em: https://forbes.com.br/forbes-tech/2022/07/a-web-3-0-e-uma-revolucao-de-dados/. Acesso em: 27 out. 2024.

BARRETO, Alessandro Gonçalves. WENDT, Emerson. CASELLI, Guilherme. *Investigação Digital em Fontes Abertas.* Rio de Janeiro: Brasport, 2017.

BERNARDES, Jorge Lucas. *Cinco formas de rastrearem seu celular mesmo com o GPS desligado.* Disponível em: https://www.techtudo.com.br/listas/2023/07/cinco-formas-de-rastrearem-seu-celular-mesmo-com-o-gps-desligado-edmobile.ghtml. Acesso em: 30 set. 2024.

BIELLI, G. E.; ORDOÑEZ, C. J.; QUADRI, G. H. *Tratado de la prueba electrónica.* Tomo I. Buenos Aires: Thomson Reuters La Ley, 2021.

BIELLI, Gastón Enrique; ORDOÑEZ, Carlos Jonathan. Derechos constitucionales y prueba electrónica. In: *Tratado de la Prueba Electronica.* Buenos Aires: La Ley, 2021.

BLASCO, Lucía. *O que é Web3, que pode transformar a internet*. Disponível em: https://www.bbc.com/portuguese/geral-59951952. Acesso em: 27 out. 2024.

BRAGA, Lucas; MARQUES, Ana. *O que é Wi-fi?* Saiba como funciona a tecnologia de rede sem fio. Disponível em: https://tecnoblog.net/responde/o-que-e-wi-fi-como-funciona/. Acesso em: 03 out. 2024.

WARREN, Samuel. D; BRANDEIS, L. D. *The right of Privacy*. Disponível em: https://faculty.uml.edu/sgallagher/Brandeisprivacy.htm. Acesso em: 28 out. 2024.

BROTERO, Mathias. *Google mapeia favelas para criar endereços digitais*. Disponível em: https://www.cnnbrasil.com.br/nacional/google-mapeia-favelas-para-criar-enderecos-digitais/. Acesso em: 18 out. 2024.

CASELLI, Guilherme. *Manual de Investigação Digital*. São Paulo: Juspodivm, 2024.

CASTRO, Matheus Felipe. *Um celular na cena do crime: o STF e a proteção dos dados estáticos*. Disponível em: https://www.conjur.com.br/2024-set-20/um-celular-na-cena-do-crime-o-stf-e-a-protecao-dos-dados-estaticos/. Acesso em: 21 out. 2024.

CAPANEMA, Walter Aranha. *Manual de Direito Digital*. São Paulo: Juspodivm, 2024.

CASTALDELLI, Valine Silva. *Geolocalização via sinais da Estação Rádio Base*: A Gênse do art. 13-B do Código de Processo Penal e a Inserção subrepitícia da violação à intimidade e vida privada na *persecutio criminis* brasileira. Convenção de Palermo, Tráfico de Pessoas. Orientador, Arno Dal Ri Júnior, 2021. Silva Castaldelli, Valine. Tese (doutorado) — Universidade Federal de Santa Catarina, Centro de Ciências Jurídicas, Programa de Pós Gradução em Direito, Florianópolis, 2021.

CHARLEAUX, Lupa; TOLEDO, Victor. *Como usar o Street View do Google Maps para ver as ruas de uma cidade*. Disponível em: https://tecnoblog.net/responde/como-usar-o-street-view-do-google-maps-para-explorar-a-cidade/. Acesso em: 19 de out. 2024.

CORREA, Heitor Delgado. *A toga e o jaleco*: uma relação imperfeita. Análise dos fundamentos científicos e jurídicos em decisões judiciais envolvendo ERBS e os efeitos da redução de complexidade. Orientadora: Selene de Souza Carvalho Herculano dos Santos. 2014. 394f. Tese (Doutorado em Ciências Jurídicas e Sociais) — Universidade Federal Fluminense. Niterói, 2014.

DANTAS, Janaína. *O que são beacons?* Disponível em: https://tecnoblog.net/responde/o-que-sao-beacons/. Acesso em: 04 out. 2024.

DINAMARCO, C. R. *Instituições de direito processual civil*. v. III. São Paulo: PC Editorial Ltda, 2001.

DONEDA, Danilo. *Da privacidade à proteção de dados pessoais*. São Paulo: Revista dos Tribunais, 2021.

Dicionário Online de Português. Disponível em: https://www.dicio.com.br/geolocalizacao/. Acesso em: 30 set. 2024.

Central de ajuda do *Facebook*. *Facebook e localização*. Disponível em: https://www.facebook.com/help/337244676357509. Acesso em: 02 out. 2024.

Conceito de Wiki. Disponível em: https://conceito.de/wiki. Acesso em: 02 out. 2024.

FERNANDES, Carolina; LIPPEL, Valeska. *Sinal de GPS de celular ajudou a localizar médica em ribanceira após quase 30 horas desaparecida em SC*. Disponível em: https://g1.globo.com/sc/santa-catarina/noticia/2021/04/20/sinal-de-gps-de-celular-ajudou-a-localizar-medica-em-ribanceira-apos-quase-30-horas-desaparecida-em-sc.ghtml. Acesso em: 30 set. 2024.

FERRAZ JUNIOR. Tércio, Sampaio. Sigilo de dados: o direito à privacidade e os limites à função fiscalizadora do Estado. *Cadernos de Direito Constitucional e Ciência Política*. São Paulo, ano 1. n. 1, p. 77-90, out/dez. 1992.

FREITAS, Gustavo. *Você já ouviu falar na Wikimapia?* Disponível em: https://gfsolucoes.net/wikimapia/. Acesso em: 18 out. 2024.

FREIWALD, Susan; SMITH, Stephen W., *The Carpenter Chronicle: A Near Perfect Surveillance* (2018). 132 *Harvard Law Review* 205 (2018), University of San Francisco Law Research Paper No. 2019-01, Disponível em: https://ssrn.com/abstract=3283442. Acesso em: 20 out. 2024.

GARCÉS, Alberto Enrique Nava. *Geolocalización*. Ciudad de México, 2020.

GARVALHOSO, Alexandre. *O modo avião desativa a localização do GPS? [Atualização — 2023]*. Disponível em: https://drfone.wondershare.com.br/fake-location/airplane-mode-turn-off-gps-location.html. Acesso em: 05 de out. 2024.

Geo Sem Fronteiras. *Google Earth Pro: A melhor ferramenta para pesquisa e análise ambiental*. Disponível em: https://geosemfronteiras.org/blog/google-earth-pro-a-melhor-ferramenta/. Acesso em: 20 out. 2024.

Geofence Warrants and the Fourth Amendment. *Harvard Law Review*. vol. 134. Issue 7. may 2021. Disponível em: https://harvardlawreview.org/print/vol-134/geofence-warrants-and-the-fourth-amendment/#footnote-84. Acesso em: 25 out. 2024.

GLOECKNER, Ricardo Jacobsen; EILBERG, Daniela Dora. Busca e apreensão de dados em telefones celulares: novos desafios diante dos avanços tecnológicos. *Revista Brasileira de Ciências Criminais*, v. 156, ano 27, p. 353-393, jun. 2019.

GOGONI, Ronaldo. *Como esconder meu IP?* Disponível em: https://tecnoblog.net/responde/como-esconder-meu-ip/. Acesso em: 05 out. 2024.

GONÇALVES, André Luiz dias. *Imagens* íntimas *gravadas por robô aspirador vão parar no Facebook*. Disponível em: https://www.tecmundo.com.br/seguranca/257354-imagens-intimas-gravadas-robo-aspirador-parar-facebook.htm. Acesso em: 25 out. 2024.

Google Privacidade & Termos. Disponível em: https://policies.google.com/technologies/location-data. Acesso em: 05 out. 2024.

GRAY, Stacey. A Closer Look at Location Data: Privacy and Pandemics. *Future of Privacy Forum*, 2020. Disponível em: https://fpf.org/2020/03/25/a-closer-look-at-location-data-privacy-and-pandemics/. Acesso em: 30 set. 2024.

HOLPERIN, Marco; LEOBONS, Rodrigo. *Análise forense*. Disponível em: https://www.gta.ufrj.br/grad/07_1/forense/reconhecimento.html#:~:text=An%C3%A1lise%20Forense&text=Um%20dos%20princ%C3%ADpios%20fundamentais%20da,coisa%20para%20tr%C3%A1s%20quando%20parte. Acesso em: 14 out. 2024.

IANA. *Number Resources*. Disponível em: https://www.iana.org/numbers. Acesso em: 05 out. 2024.

IBGE. *Internet foi acessada em 72,5 milhões de domicílios do país em 2023*. Disponível em: https://agenciadenoticias.ibge.gov.br/agencia-noticias/2012-agencia-de-noticias/noticias/41024-internet-foi-acessada-em-72-5-milhoes-de-domicilios-do-pais-em-2023#:~:text=Em%202023%2C%20havia%2072%2C5,%25%20para%2081%2C0%25. Acesso em: 30 set. 2024.

IPAM Amazônia. *Monitoramento do desmatamento por satélite*. Disponível em: https://ipam.org.br/cartilhas-ipam/desmatamento-em-foco/. Acesso em: 30 set. 2024.

JONES, Frances. *Aplicativo para localizar enfermidades*. Disponível em: https://revistapesquisa.fapesp.br/aplicativo-para-localizar-enfermidades/#:~:text=Batizada%20de%20SiPoS%2C%20de%20Sickness,sintomas%20em%20casos%20de%20chikungunya. Acesso em: 30 set. 2024.

Blog KPN Safety. *Aplicativos para. Monitoramento de incêndios*. Disponível em: https://www.kpnsafety.com.br/aplicativos-para-monitoramento-de-incendios/. Acesso em: 30 Set. 2024.

KAMINSKI, Stan. *Os serviços de geolocalização estão espionando você?* Disponível em: https://www.kaspersky.com.br/blog/gps-agps-supl-tracking-protection/21368/. Acesso em: 02 out. 2024.

KLEINA, Nilton. *Google Maps faz mudança importante que aumenta privacidade de dados*. Disponível em: https://www.tecmundo.com.br/software/284681-google-maps-mudanca-importante-aumenta-privacidade-dados.htm#:~:text=A%20partir%20de%20dezembro%20de,voc%C3%AA%20utilizou%20enquanto%20se%20deslocava. Acesso em: 05 out. 2024.

KLEINA, Nilton. *Qual foi o primeiro celular do mundo com internet? [vídeo]*. Disponível em: https://www.tecmundo.com.br/celular/85491-primeiro-celular-mundo-internet-video.htm. Acesso em: 22 out. 2024.

KIST, Dario José. *Prova Digital no Processo Penal*. Leme: Mizuno, 2024.

LÁZARO, Bruno Mateo. *A geolocalização como ferramenta de investigação*. Disponível em: https://www.jusbrasil.com.br/artigos/a-geolocalizacao-como-ferramenta-de-investigacao/1729838696. Acesso em: 07 out. 2024.

LOPES, Gonçalo Alexandre. *Composição de um Sistema Móvel Celular*. Disponível em: https://www.gta.ufrj.br/grad/goncalo/compos.htm. Acesso em: 02 out. 2024

MATA, F. B. de. *Prueba electrónica y proceso 2.0*. Valencia: Tirant Lo Blanch, 2014.

MARINONI, L. G; ARENHART, S. C. *Prova e convicção*. São Paulo: Thomson Reuters Brasil, 2019.

MARTÍN, J.D. *Investigación tecnológica y prueba digital en todas las jurisdicciones*. 2. ed. actualizada. Las Rozas (Madri): Wolters Kluwer, 2018.

MENDES, Brenda. *Escocesa é desclassificada de maratona após utilizar carro no percurso*. Disponível em: https://www.cnnbrasil.com.br/esportes/outros-esportes/escocesa-e-desclassificada-de-maratona-apos-utilizar-carro-no-percurso/#:~:text=Segundo%20dados%20GPX%20do%20sistema,nem%20Usain%20Bolt%20poderia%20quebrar. Acesso em: 25 out. 2024.

MELO, João Ozório de. *EUA mostram que rastreamento por GPS pode conter violência doméstica*. Disponível em: https://www.conjur.com.br/2021-abr-02/eua-mostram-rastreamento-gps-conter-violencia-domestica/. Acesso em: 03 out. 2024.

MEIRA, Alanis. *Google é multado em R$ 309 milhões por coletar dados de localização de usuários*. Disponível em: https://olhardigital.com.br/2022/08/12/internet-e-redes-sociais/google-e-multado-em-r-309-milhoes-por-coletar-dados-de-localizacao-de-usuarios/. Acesso em: 05 out. 2024.

MIRANDA NETO, José Queiroz de. *Redes, território e competitividade*: a estratégia das empresas de telefonia celular no Estado do Pará / José Queiroz de Miranda Neto; orientadora, Maria Goretti da Costa Tavares. — Belém, 2008. Dissertação (Mestrado) — Universidade Federal do Pará, Instituto de Filosofia e Ciências Humanas, Programa de Pós-Graduação em Geografia, Belém, 2008.

MISKULIN, A. P. S. C. BERTACHINI, D. AZEVEDO NETO, P. *Provas digitais no processo do trabalho*: realidade e futuro. São Paulo: Lacier, 2022.

MISKULIN, A. P. S. C *et al*. *Ferramentas para otimização da análise dos dados obtidos com as provas judiciais*. *in* Provas Digitais no Processo do Trabalho: realidade e futuro. Campinas: Lacier, 2022. p. 319-336

NAVALÓN, C.O. *La prueba electrónica ante los tribunales*. Valencia: Tirant Lo Blanch, 2014.

NOVELINO, Marcelo. *Curso de direito constitucional*. Salvador: Ed. JusPodivm, 2016.

PLATERO, Paloma Arrabal. *La prueba tecnológica: aportación, práctica y valoración*. Valencia: Tirant lo blanch, 2020.

Poder Judicial de la Nación. Pavolotzki Cláudio y otros c/ Fischer Argentina S.A. Disponível em: https://repositorio.mpd.gov.ar/documentos/Pavolotzki%20Claudio%20y%20otros%20c.%20Fischer%20Argentina%20SA.pdf. Acesso em: 26 out. 2024.

PORTELLA, Manuela Germano. *Como conseguir o BSSID?* Disponível em: https://respostas.com.vc/como-conseguir-o-bssid/. Acesso em: 03 out. 2024.

Qualifica SVA. *SVA e SCM*: um guia fiscal e jurídico para Provedores de Internet. Disponível em: https://sva.qualifica.com.br/blog/sva-e-scm/. Acesso em: 23 out. 2024.

RAMOS, Vitor de Paula. *O ônus da prova no processo civil:* do ônus ao dever de provar. São Paulo: Editora Juspodvim, 2022.

REIS, Renata. *Juiz confirma no Google Street View que colisão foi culpa de autora da ação.* Disponível em: https://diariodejustica.com.br/juiz-confirma-no-google-street-view-que-colisao-foi-culpa-de-autora-da-acao/. Acesso em: 19 out. 2024.

RODRIGUES, Willian. *O que significa smartphone?* Veja o que *é*, quem inventou e mais dúvidas. Disponível em: https://www.techtudo.com.br/guia/2023/03/o-que-e-smartphone-veja-o-que-significa-e-quem-inventou-edmobile.ghtml. Acesso em: 22 out. 2024.

ROSA, Giovanni. *Coletes com GPS e anéis inteligentes podem ajudar no futebol até durante a Copa.* Disponível em: https://tecnoblog.net/especiais/coletes-com-gps-e-aneis-inteligentes-podem-ajudar-no-futebol-ate-durante-a-copa/. Acesso em: 25 out. 2024.

SALET, I. W.; MITIDIERO, D.; MARIONI, L. G. *Curso de Direito Constitucional.* 9. ed. São Paulo: Saraiva Educação, 2020.

SERRA, Paolla. *Jairinho deu 81 passos e andou 61 metros na madrugada da morte de Henry, mostra aplicativo.* Disponível em: https://oglobo.globo.com/rio/jairinho-deu-81-passos-andou-61-metros-na-madrugada-da-morte-de-henry-mostra-aplicativo-25005463. Acesso em: 05 out. 2024.

SILVA, Rafael. IPV6: *Tudo o que você precisa saber sobre a chegada dessa tecnologia.* Disponível em: https://tecnoblog.net/responde/o-que-voce-precisa-saber-sobre-a-chegada-do-ipv6/. Acesso em: 05 out. 2024.

SYOZI, Ricardo. *Como usar o Google Earth & Pro [Guia para iniciantes].* Disponível em: https://tecnoblog.net/responde/como-usar-o-google-earth-pro-guia-para-iniciantes/. Acesso em: 20 out. 2024.

SOARES, Elisianne Campos de Melo. *Ciberespaço, vigilância e privacidade*: o caso *Google Street View*. Ciberlegenda. 2011. Disponível em: https://periodicos.uff.br/ciberlegenda/article/view/36880. Acesso em: 18 out. 2024.

SOARES, Lucas. *Algoritmo do Facebook permite direcionar anúncios para um único usuário.* Data 18.10.2021. Disponível em: https://olhardigital.com.br/2021/10/18/internet-e-redes-sociais/algoritmo-do-facebook-permite-direcionar-anuncios-para-um-unico-usuario/. Acesso em: 20 set. 2024.

Supreme Court of the United States. Carpenter v. United States (585 U.S. 296 (2018)). Disponível em: https://www.supremecourt.gov/opinions/preliminaryprint/585US1PP_final.pdf. Acesso em: 25 out. 2024.

Supreme Court of the United States. Katz v. United States (389 U.S. 347 (1967). Disponível em: https://tile.loc.gov/storage-services/service/ll/usrep/usrep389/usrep389347/usrep389347.pdf. Acesso em: 29 out. 2024.

Supreme Court of the United States. United States v. Jones (565 U.S. 400 (2012)). Disponível em: https://www.supremecourt.gov/opinions/boundvolumes/565BV.pdf. Acesso em: 29 out. 2024.

Supreme Court of the United States. United States v. Karo et al (468 U.S. 705 (1984)). Disponível em: https://tile.loc.gov/storage-services/service/ll/usrep/usrep460/usrep460276/usrep460276.pdf. Acesso em: 29 out. 2024.

Supreme Court of the United States. United States v. Knotts (460 U.S. 276 (1982)). Disponível em: https://tile.loc.gov/storage-services/service/ll/usrep/usrep460/usrep460276/usrep460276.pdf. Acesso em: 29 out. 2024.

THAMAY, R.; TAMER, M. *Provas no direito digital*: conceito da prova digital, procedimentos e provas digitais em espécie. São Paulo: Thomson Reuters Brasil, 2020.

TARUFFO, M. *Simplesmente la verdad.* Madri/Barcelona/Buenos Aires: Marcial Pons, 2010.

TENÓRIO, Boaz Cavalcanti. *Exposição humana aos níveis de radiações não ionizantes emitidas pelas estações rádio base.* Orientador: Guilherme Faria Cunha. 2015. 86f. Dissertação (Mestrado profissional em Engenharia Ambiental) — Universidade Federal de Santa Catarina, Florianópolis, 2015, p. 21

Tribunal Europeu de Direitos Humanos. *Affaire Florindo de Almeida Vasconcelos Gramaxo c. Portugal (application n. 26968/16).* Disponível em: https://hudoc.echr.coe.int/fre#{%22sort%22:[%22kpdate%20Descending%22],%22itemid%22:[%22001-221474%22]}. Acesso em: 26 out. 2024.

Tribunal Europeu de Direitos Humanos (TEDH). *Ben Faiza v. France (application n. 31446/12).* Disponível em: https://hudoc.echr.coe.int/eng-press#{%22itemid%22:[%22003-3241790-3612154%22]}. Acesso em: 24 out. 2024.

Tribunal Europeu de Direitos Humanos (TEDH). *Uzun v. Germany (application n. 35623/05).* Disponível em: https://hudoc.echr.coe.int/eng-press#{%22itemid%22:[%22003-3241790-3612154%22]}. Acesso em: 24 out. 2024.

TRIBUNAL SUPERIOR DO TRABALHO. *Especial*: Justiça do Trabalho é pioneira no uso de provas digitais. Disponível em: https://www.tst.jus.br/provas-digitais. Acesso em: 02 out. 2024.

VAZ, Denise Provasi. *Provas Digitais no Processo Penal*: Formulação do conceito, definição das características e sistematização do procedimento probatório, 168f: 2012. Tese (Doutorado) — Faculdade de São Paulo, 2012.

TENÓRIO, Boaz Cavalcanti. *Exposição humana aos níveis de radiações não ionizantes emitidas pelas estações rádio base.* Orientador, Guilherme Faria Cunha. 2015. Tenorio, Boz Cavalcanti. Dissertação (mestrado profissional) — Universidade Federal de Santa Catarina, Centro Tecnológico. Programa de Pós-Graduação em Engenharia Ambiental. Florianópolis, 2015.

VIOLA, Mario; DE TEFFÉ, Chiara Spadaccini. *Tratamento de dados pessoais na LGPD*: estudos sobre as bases legais dos artigos 7º e 11º. In: MENDES, et al. Tratado de Proteção de Dados. Rio de Janeiro: Forense, 2021.

WARREN, S. D. BRANDEIS, L. D. *The right of Privacy*. Disponível em: https://faculty.uml.edu/sgallagher/Brandeisprivacy.htm. Acesso em: 30 jul. 2021.

ZAYAS, Daniel de. *Carpenter v. United States and the Emerging Expectation of Privacy in Data Comprehensiveness Applied to Browing History. American University Law Review.* 2209, 2019. Disponível em: https://aulawreview.org/blog/carpenter-v-united-states-and-the-emerging-expectation-of-privacy-in-data-comprehensiveness-applied-to-browsing-history/. Acesso em: 26 out. 2024.

ZUBOFF, Shoshana; *A era do capitalismo de vigilância: a luta por um futuro humano na nova fronteira do poder;* tradução George Schlesinger. Rio de Janeiro: Intrínseca, 2020.